高校進学でつまずいたら
「高1クライシス」をのりこえる

飯村周平 Iimura Shuhei

★――ちくまプリマー新書
452

イラスト　水元さきの

はじめに

大人でもないし、子どもでもない。

心理学の視点では、それが高校生という年代（15〜18歳）です。心と身体はまだ発達や成長の途中にあり、大きな変化を経験する時期でもあります。

変化するのは、心と身体だけではありません。高校生になると環境も変わります――つまり、高校進学による学校環境の変化です。

「約98％」

これは令和4年現在の高校等（定時制・通信制を含む）への進学率です。義務教育ではないにせよ、高校進学は誰もが経験する「通過儀礼」とも言えるライフイベントになっています（第1章）。「通過儀礼」とはいっても、新入生によっては「中学生」から「高校生」へと単に社会的な肩書が変わる程度の「ささいな」変化にすぎない人もいるでしょう（第2章）。

とはいえ、一般的に高校進学にはさまざまな環境の変化が同時多発的に起きます（第3章）。新しいクラスで友達との関係をイチから築く必要があったり、進学後に周囲の大人からさまざまな期待をかけられたり、通学方法が変わったり、勉強の難易度が高まったり――心理学者たちは、こうした誰もが経験するような学校環境の変化が、必ずではないにせよ、大なり小なり新入生の心の発達に影響を及ぼすことを指摘しています（第4章）。

新入生がもつ特性が進学後の学校環境とうまく「マッチング」しない場合には、気持ちの落ち込みや不安の高まり、長期欠席など、さまざまな心や行動の側面にネガティブな影響が及ぶこともあります。そして重要なことに、高校進学後における心の「つまずき」は誰もが経験する可能性があるものです（第5章）。

本書は、発達心理学の視点から、新しく始まる高校生活で起こる（かもしれない）心の「つまずき」について書いた本です。これから高校生になる、あるいは、今まさに高校生になったばかりの読者のみなさんにぜひ手に取ってもらいたい一冊だと思っています。

残念ながら、読めば必ず「高校生活がうまくいく！」といった魔法のような本ではありません。ただ、希望をもって言えば、高校生活のスタートでつまずいたときの「お守り」や「知恵袋」のような本であってほしいと思っています。

かつて高校生だった大人のみなさんも、この本を読むと当時の経験を整理することができるかもしれません。高校生を見守る大人のみなさんにも役立つことを願っています。

ところで、この本を書いた私も、かつて高校入学後につまずいた一人でした。高校時代をきっかけに心に興味をもち、いまでは発達心理学者（人間の生涯にわたる心理的な変化を専門に研究する人）として大学で働いています。私の経験についても、一つの事例として本書のなかでご紹介しましょう。高校を卒業して14年ほど経ってこのような本を書くことになり、我ながら不思議なものだなと思っています。これは過去の私に向けた本でもありました。

さて、前置きはこのあたりにして、本書の主題、高校進学で起こる（かもしれない）心の「つまずき」についてお話しましょう。

目次 * Contents

第2章　十人十色の高校進学

第5章 高校進学でつまずいたあなたへ

第1章

高校進学は心の危機《クライシス》か？

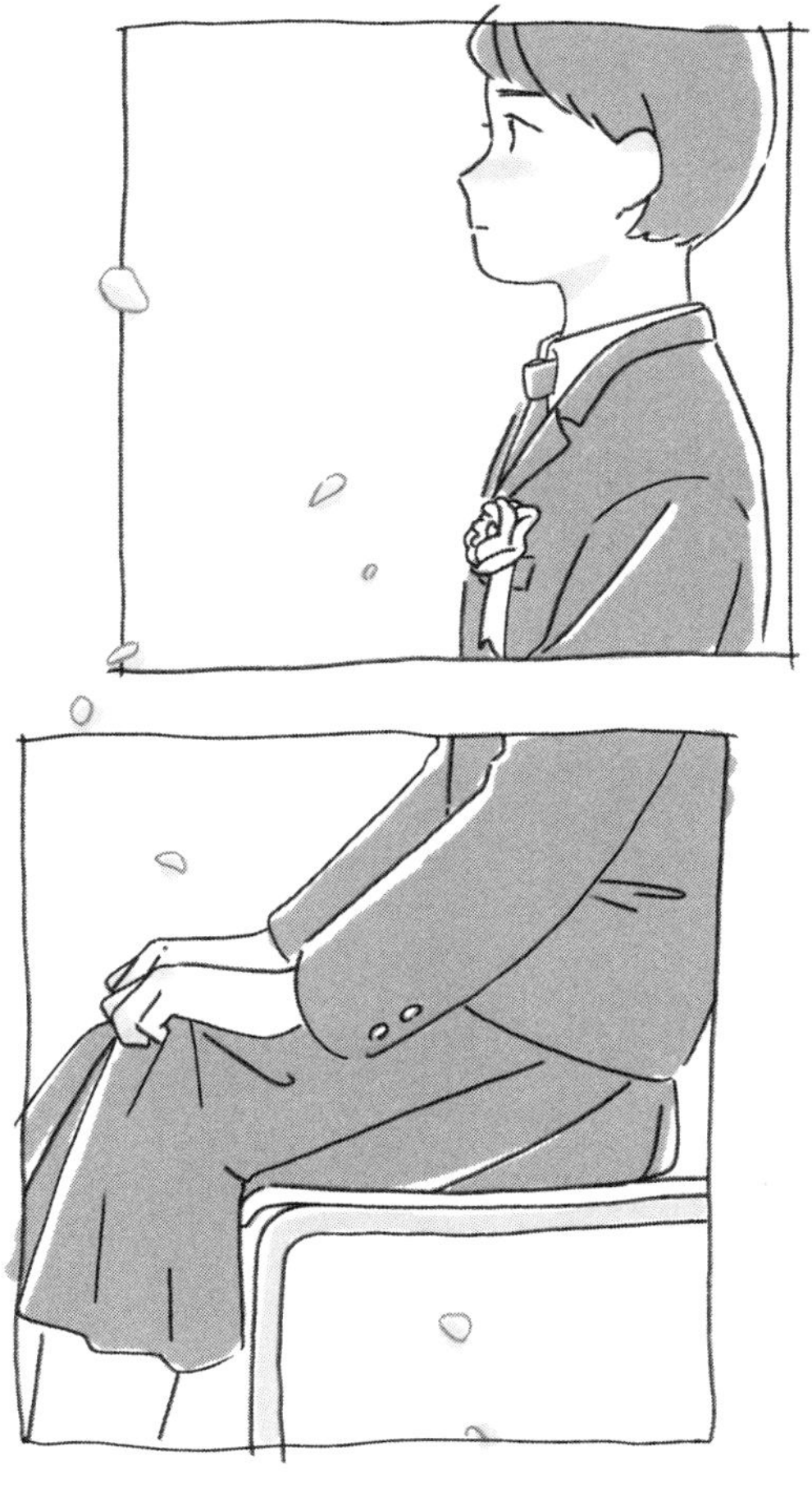

どんな高校生活が始まる？

はじめに、読者のみなさんには、少しだけ高校生の目線になっていただきましょう。想像してみてください。とある高校の入学式。4月初旬の少し肌寒い体育館には、保護者に見守られながら、新しい制服に身を包んだ新1年生たち総勢300名がクラスごとに列を成して着席しています。「あなた」(読者のみなさん)もその一人です。ちょっとだけ周りを見渡し、新入生たちの顔をのぞいてみましょうか。

・新しい学校生活にわくわくと希望に満ちた顔
・少し緊張して落ち着かない顔
・校長先生の少し長い祝辞を退屈そうに聞く顔

――さまざまな様子が見て取れます。ちなみに、式典の雰囲気が苦手で、自宅で過ごす新入生もいたことを補足しておきましょう。ともかく、さまざまな想いを胸に多くの生徒が真剣に入学式に臨んでいるようでした。

新入生代表の言葉に、体育館中に明るい拍手が響きます。きっと入学試験で成績トップだったのでしょう。新入生から尊敬のまなざしを向けられながら舞台の階段をゆっくりと降り、代表生徒は3組の自分の席に戻っていきました。さて、入学式もそろそろ終わりです。

体育館に初めて聴く校歌が流れます。壁には大きな木製の額縁に歌詞が刻まれていました。あなたは、「昭和53年度卒業生一同」と彫られたそれをぼんやりと眺め、これからこの校歌を何度歌うことになるのだろうと考えるのでした。

教頭先生による閉会の挨拶の後、担任の先生を先頭に誘導されながら、クラスごとに整列して自分たちの教室に帰ります。体育館を出て、教室棟への渡り廊下を歩く頃には、新入生たちは少し安堵《あんど》した表情をみせていました。あなたも入学式の堅苦しい雰囲気に、少し息がつまるような感覚を覚えていたようです。

あなたの教室は5組。あいうえお順に左前から座る決まりになっていたので、教室をうろうろとさまよって自分の席を探します。コンパスで引っかいたような落書き跡が残る年季の入った自分の席に座り、ようやくほっと一息です。とはいえ初日。はじめて顔を合わせるクラスメイトが一つの教室に集い、クラス全体には少しそわそわしたような雰囲気があります。

他の多くの新入生と同じように、あなたもこの高校に希望をもって入学してきた一人でした。念願の第一志望の高校でしたから、これから勉強も部活も文武両道で頑張ろうと意気込んでいたのです。あなたを含む新入生たちには、これからどのような高校生活が待っているのでしょうか?

少しだけ先に未来をお見せすると、あなたは入学後に「つまずき」、つらい気持ちで高校生活をスタートすることになってしまいました。いったい何が起きたのでしょうか。

＊　＊　＊

卒業と入学を繰り返す青年時代

さて、新入生の目線になっていただきましたが、まずは少し大きな視点から、本書を始めていきましょう。すっかり当たり前になっていて、それに違和感を覚える人が少ない経験についてです。それはなにかというと、入学と卒業を「繰り返す」という経験です。やっぱり「そんなの当たり前だ」と思ったでしょうし、「そんなこと考えたこともない」と思った人もいるかもしれません。

ですが、よくよく考えてみると、こんなに頻繁に入学と卒業を繰り返す経験は、長い人生で見たときでも、青年時代に特有なことなのです。しかも、それをだいたい3年くらいの短い期間で繰り返します。不思議に思い始めましたか?

不思議かどうかはひとまず置いておき、日本では多くの人が次のような繰り返しを経験します。

まずは6年間の小学校生活を終えて、中学校に進学します。近隣にある複数の小学校から子どもたちが集まって、ひとつの中学校に入学する場合もあるでしょう。近所の子どもたちが集まるので、小学校と中学校の9年間は、小さい頃からの「顔なじみ」と過ごす時間が多いかもしれません。こうして9年間の義務教育が終わるころには、多くの場合、どこの高校に進学したいかを考えて、入学試験の準備をします。塾に通い始める人もいるでしょう。

無事に合格できれば、晴れて高校に進学します。進学をきっかけに、これまで「顔なじみ」だったメンバーとも、離れ離れになることもよくあります。高校の3年間もあっという間です。入学してすぐに卒業後の進路について説明する学校もありますから、入学したばかりなのに早速キャリアについて意識させられるかもしれません。大学や専門学校に進学するのであれば、また入学と卒業を繰り返すことになります。

このように「当たり前だ」と思っていることを改めて文字で書き出してみると、高校生のみなさんは、ずいぶん学校環境の変化が続く青年時代を過ごしていることがわかります。

さまざまな進学パターン

ここで改めて、高校の入学式後の新入生の目線になってみましょう。入学式後、1年生の教室では、新入生たちが近くのクラスメイトとお互いに自己紹介をしていました。

ある新入生は「私は他の子と違うんだよね。私が通っていたのは、市立X義務教育学校というところで、前期課程が6年、後期課程が3年。9年間同じ学校だったよ」と隣の席のクラスメイトに話しています。その話を聞いたクラスメイトは、はじめてそうした学校があることを知ったようで、少し不思議そうな顔をしています。

もちろん、先ほど例に挙げたのは、もっとも多くの人が経験するタイプの繰り返しですが、あくまで一例にすぎません。みなさんのなかには、小中一貫校や中高一貫校、あるいは義務教育学校などと呼ばれる学校に通っていた人もいるはずです。その場合には、他の人と比べて繰り返しの数が減ります。最近ではこのような学校が増えているようです。

小中一貫校あるいは義務教育学校であれば、その学校で9年間を過ごしたあとに、高校に進学します（いわゆる9－3制）。また、中高一貫校（中等教育学校）であれば、名前の通り、基本的には小学校のときに受験をして合格すれば、中学校と高校を6年間同じ学校で過ごすことになります（いわゆる6－6制）。もちろん、ここで挙げたのも代表的な例で、これらとは違う経路で高校に進学した人もいるでしょう。

本書の内容は、おもに多くの人が経験する、中学校3年間のあとに受験を経て高校に進学する経路（いわゆる3－3制）を想定して書かれています。これとは違う経路の人も、入学後に同じような経験をすることが知られていますので、ぜひ読んでみてください。

入り混じる期待と不安

さて、ふたたび目線を新入生に戻してみましょう。みなさんもそうだったかもしれませんが、新入生はさまざまな期待や不安とともに高校へ進学していきます。

別のある新入生は「僕は高校に入学する前、うまくやっていけるか少し不安だったなあ。お兄ちゃんとかお姉ちゃんがいれば、どんな感じか分かったんだろうけどね。僕は一人っ子だからさ。全部が初めてで……」と不安を話しました。

進学には、大なり小なり、このような気持ちの「ゆらぎ」が生まれることがあります。その理由はいわずもがな、環境が大きく変わるからにほかなりません。学校が変わるというのは、単に中学生から高校生へと肩書が変わるだけではなく、人間関係を再び作りなおしたり、新しい学校のルールを守ることを求められたり、その他にもさまざまな変化が同時に伴います。こうした環境の変化は、人によっては人生の方向性を変えるような「ターニングポイント」になるほどの可能性をもちます。

ここでまた別の新入生に目線を移しましょう。彼女は「私も入学前には、うまくやれるか少し不安だったけど、新しい友達ができたり、新しい生活が待っていたりすると思うとわくわくしたよ」と、新しい高校生活への不安と期待の両方を話しました。

アメリカの調査ではありますが、新入生たちが高校進学に対して、どのような不安と期待を感じているかを調べたデータがあります。[1]それによると、不安については、「宿題の量」「授業の難しさ」「留年（落第）すること」を多くの生徒が挙げていました。一方で、期待については、「中学時代よりも自由になれること」「新しい友達をつくること」「学校行事に参加すること」が上位に挙げられた内容でした。もちろん、日本の新入生を対象にした場合には違う結果になるかもしれません。とはいえ、海外でも日本でも、新入生たちはさまざまな期待と不安が入り混じった状態で高校に進学していくようです。

実はこの調査では、高校進学について保護者や教師の期待や不安も報告されています。少し興味深いのは、新入生の期待や不安の内容と、大人たちのそれとは部分的にズレがあるという点です。つまり、大人たちは子どもたちに対して、違った期待や不安をもっていると言えます。

例えば、保護者と教師は、子どもたちと同じように、「授業の難しさ」を不安視したり、「新しい友達ができること」を期待したりしています。ただ、大人たちは子どもたちと違って、「子どもが学校でうまくやれるか」を心配していますし、「体育の授業に参加すること」を期待したりしています。

日本で調査をすれば、やはり違った結果になると思いますが、実は保護者や教師も高校進学について、いろいろと不安だったり期待していたりするものなのです。

高校進学は心のクライシスになりうる

先ほど、学校への進学にはさまざまな環境の変化がともなうので、新入生によっては人生の「ターニングポイント」になるかもしれないとお伝えしました。少し大げさに聞こえるかもしれませんし、このようなことを言うと、高校進学にネガティブなイメージをもつ人もいるかもしれません。ですが、決してみなさんを驚かせたり、不用意に萎縮させたりしたいわけではないのです。

私は心理学者ですので、ここから高校進学が新入生の「心」にとって、どのような出来事になりうるかを丁寧に解説したいと思います。

まず、お伝えしたいのは、「心」の「発達」という視点からみると、高校進学は心の

「クライシス」になるうる出来事だということです。ただ、心とは何でしょうか？　さらに心の発達とは何を意味するのでしょうか？　そして、クライシスとは何を指すのでしょうか？　これらの言葉を理解することが、新入生の心と高校進学の関係を考えるためには大切です。

そこで、まずは「心」「発達」「クライシス」という言葉に着目して、それらを一つひとつ順番に解説していくことにしましょう。

心とは何か？

心はとても身近にあるような気がしますが、それについて考えれば考えるほど、深淵《しんえん》を覗《のぞ》くような気持ちになるかもしれません。心理学者の私でさえ、実はそうなのです。心のもつ「顔」の多さには、途方にくれるような思いがします。少しだけ歯切れの悪い回答になるので、みなさんをもやもやさせるかもしれません。

みなさんが日常生活を振り返った時、「これは心にかかわる経験だ」というものがあると思います。例えば、高校の合格発表の日に、ウェブサイト上で自分の受験番号をみつけてとても「うれしい」とかです。この感情、「うれしい」は心（の状態）だと言えそうです。宿題がなかなか終わらなくて「イライラ」する、といった「イライラ」も心でしょう。このように私たちは心を経験的に知っています。

一見、身近に思えますが、実のところ、心を説明するのは結構難しい問題です。心には、それを説明するさまざまな立場あるいは考え方があります。例えば、心は物質のように実体があるのか、あるいは実体がないようなものなのか、といった考え方です。みなさんはどう思いますか？

ふだんあまり考えないような問いに、少し険しい顔になった人もいるでしょう。「なんだか哲学っぽいな」と思った人もいるかもしれません。実際のところ、このような問いは、心の哲学と呼ばれる話です。本書を読んで、心の在りかに興味をもった人は、よろしければ、入門書[2]をご覧ください。

さて、実際に心は目に見えないので、魂や幽霊のように、心を実体がないもののように考える人も多いかと思います。目に見えないものだからこそ大切だ、と考える人もいるでしょう。サン＝テグジュペリの小説『星の王子さま』にも似たようなことが書いてありましたね。

夢のない話（？）になるかもしれませんが、少なくとも現在の心理学研究の世界では、心を魂や幽霊のように考える人は少数派だと言えます。そうすると、心には水や木や鉄のように実体があるということなのでしょうか？

完全に解明されているわけではありませんが、もっともらしい心の説明は、どちらかというとそのような立場になります。もう少し具体的にいえば、脳の複雑な神経ネットワークが心の一部分を作っているとも言えます。みなさんが知っている心の経験とは違うでしょうか？

例えば、心に働く薬があります。良く知られたものだと、抗不安薬や抗うつ薬などが挙げられます。実は、私はそれを飲んだことがあるのです。突然のカミングアウト（？）に驚いた人もいるかと思いますが、ひとまず続きをお読みください。

私が飲んだ薬は、飲むと十数分くらいで、騒がしかった頭の中が静まり返り、まるで「すぅー」っと感情がなくなるようなものでした。これは脳のある神経伝達物質に作用する薬でした。

これを読んで「ちょっと怖いな」と、表情が暗くなった人もいるでしょう。

私もショックでした。心は物質（薬）で変化するのだと身をもって体験した瞬間だったからです。私の経験はともかく、「心に元気がない」「気分が落ち込む」といった状態も、つきつめれば脳の神経伝達物質のやりとりが関連していることが、部分的には明らかにされています。

そうすると「結局のところ、心はすべて脳で説明されるものなのでしょうか？」という疑問が出てくるかと思います。

確かに、これはもっともらしい説明の一つだとは言えます。投薬など、何らかの物質的な働きかけで心にアプローチできるという点では救いがあるようにも思います。ですが、まだまだ心については分からないことが多くあるのです。例えば、これからの科学技術の発展で、人間と同じ電子的ネットワークをもつロボットが創られた場合、そのロボットは心をもつのか、といった問いです。このあたりの話は、先ほどご紹介した心の哲学の入門書[2]に譲るとして、とにかく、心の状態は、遺伝子や神経伝達物質、あるいは外的な環境など、複雑な要因のやりとりの結果として生まれているようなのです。

ここまでの解説で、なんとなく心についてイメージがつかめたでしょうか？　どちらかといえば、心の在りかを問うのは一筋縄ではいかない、ということがご理解いただけたのではないかと思います。

心の発達とは何か？

次に、心の「発達」に話題を移しましょう。みなさんは発達と聞くと、どのようなことをイメージしますか？　これもふだんあまり深く考えないような問いだと思いますので、難しく感じる人もいるかもしれません。

おそらくですが、発達という言葉からは、子どもであるとか、何かをどんどんできるようになったりするイメージをもつ人が多いのではないでしょうか。確かに、そのようなイメージが一般的ですし、実際にそれも発達の一つの側面です。ただし、実はそれだけでは不完全な説明だと言えます。

まず、発達は子どもだけを対象にした言葉ではありません。生まれてから死ぬまでの生涯を対象にします。次に、なにかできるようになることだけを発達とは言いません。年齢ともになにか「できなくなること」もあわせて発達と言います。[3] 意外でしょうか？

発達を説明する際によく例に挙げられるのが、知能の発達です。ここで「知能」とは、目的に合うように考えたり、行動したりして、問題を解決する能力であると定義しましょう。この知能には、流動性知能と結晶性知能という二つの分類があります。

おおざっぱにいえば、流動性知能は新しい情報を獲得したり、処理したりするような能力を指します。一方で、結晶性知能は、長年にわたる教育や学習の経験から獲得されるもので、言語能力や基本的な知識などを含みます。

これが発達とどう関連するのでしょうか。一般的には年齢と共にできないことが増えていくイメージがあるかと思いますが、結晶性知能は高齢になっても平均的には低下しにくいと考えられています。まさに、長年にわたる教育や学習で得られたものが結晶のように維持されるのです。流動性知能のほうは、そうはいきません。20歳台をピークに徐々に低下することが知られています。おそらく一般的な発達のイメージは、流動性知能のほうに近いでしょう。心の発達には、生涯にわたって、獲得されつづける、あるいは低下しにくい側面もあるのです。

クライシスとは何か?

難しい話が続いたので、少し疲れた人もいるかもしれません。ここでようやく最後の言葉、「クライシス」の意味について考えます。もともとの説明をおさらいすると、心の発達という視点からみると、高校進学は「クライシス」になりうる出来事だということでした。

クライシスは日本語だと「危機」ですが、みなさんはこの言葉の意味をご存じですか？　おそらく、危機というと、なんだかマイナスなイメージをもつ人も多いのではないかと思います。例えば、なにか良くないことが起こる前触れであったり、今まさに望ましくない状況に陥っていたりするようなイメージかと思います。

確かに、危機にはそのような意味もありますし、一般的には間違っていません。ただ、英語 crisis の語源をたどると、良くなるか悪くなるかの「峠」あるいは「分岐点」を表すようなニュアンスもあるようです。どちらかというと私はこの意味で、高校進学は「クライシス」になりうる出来事だと説明しました。

つまり、高校に進学することは、良い方向にも悪い方向にも心が変化するきっかけになる出来事だということです。それ自体は良いものでも悪いものでもありません。思いのほか、ニュートラルな意味に感じたでしょうか？

実際、高校進学をきっかけに、大きくつまずいてしまう人もいますし、その逆で、中学校の時よりものびのびと過ごせるようになる人もいます。また、危機に「なりうる」と言ったのは、学校環境が変わっても、実はその影響をあまり受けない人もたくさんいるからです。

さて、高校進学はみなさんの心にとって、どのような出来事でしたか？　また、これから高校に進学する予定のみなさんには、どのような高校生活が待ち受けているのでしょうか？　以降の章では、もう少し具体的に、高校進学と心の関係についてお伝えしていきたいと思います。

＊　＊　＊

学校を卒業し、新たに次の学校に入学することを専門的には「学校移行」と呼ぶことがあります。中学校への入学は「中学移行」、高校への入学は「高校移行」です。学校移行後の「つまずき」やすさを称して、誰が命名したのか、「中1ギャップ」とか「高1クライシス」とか、そのように呼ぶことがあります。ただ先ほど解説したように、本書では「高1クライシス」をもっとニュートラルな意味でとらえています。

本書では「つまずき」という言葉がたびたび出てきます。これは高校進学をきっかけに、新入生たちが主観的に「うまくいかなくなった状態」やその総称を意味する言葉として用いています。学術的な厳密さを重視するのであれば、心理学の専門用語を使用したいところではありますが、できるだけ平易に読んでいただけるように「つまずき」と表現しました。

また、本書のコラムでは、高校進学と心の関係を理解するために役立つ情報をまとめました。コラムを読まなくても、本書の内容は理解できますが、さらにもうワンステップ理解を進めたい人は、ぜひご覧になってください。

コラム①　子どもと大人の「はざま」

高校生のみなさんは、自分のことを子どもと大人、どちらだと思いますか？　成人年齢は、2022年4月1日から、20歳から18歳へと引き下げになりましたので、高校生のうちに18

歳の誕生日を迎えた人は、民法上は大人だと言えそうです。

ただ、本書の関心ごとである心についてはどうでしょう。高校生の心は「大人」なのでしょうか？　実のところ、法律ほど明確な基準はありませんが、心理学では、高校生の心は子どもと大人の間の特徴をもつ時期であると考えています。

このような子どもと大人の間の時期のことを「青年期」と呼びます。年齢で言えば、10歳頃から19歳頃で、おおよそ小学校高学年から高校卒業ぐらいまでの時期です。青年期の始まりは、第二次性徴の開始がサインとなっています（詳細はコラム②）。名前は聞いたことがあると思いますが、青年期の初期を「思春期」と呼ぶこともあります。

青年期の終わりは19歳頃とお伝えしましたが、最近ではこの年齢をもう少し延長して、24歳頃までとする動きがあります。* その背景はいくつかあるのですが、一つは、大学等への進学率の増加や社会人への移行の遅れ、晩婚化など、若者を取り巻く社会状況の変化が挙げられます。青年期が定義された当時は、現在よりも高校卒業後に就職する人の割合が高かったり、初婚年齢も低かったりしたのです。時代に合わせて、青年期の年齢範囲を見直そうとする動きだと言えます。

もう一つの背景は、脳の神経発達を調べた研究の発展に由来しています。知見の蓄積にともない、青年期は脳が発達途中でそれがようやく成人と同じ（少し難しいですが、脳の質量やニューロンの髄鞘化《ずいしょう》）になるのが、20代中頃だとわかってきました。もちろん個人差はあります。

十数年もある長い青年期は、他の動物種と比べても、ヒトに特有なものです。私たちヒトは、かなり長い時間をかけて、家庭や学校、地域のなかで、ゆっくりと脳や心、身体を発達させつつ、さまざまな慣習や知識などを学習していきます。

全員が同じように経験するわけではありませんが、子どもでも大人でもない時期だからこそ経験しやすい、青年期に特有の悩みというものがあります。自身の身体的特徴についての悩み（詳細はコラム②）、自分は何者で将来何になりたいのか（詳細はコラム③）といった悩み、自立心の芽生えによる保護者との葛藤（詳細はコラム④）、友達や恋愛関係の悩み、脳の発達にともなう行動面や精神面のリスク——などです。

そうした青年期に特有の背景のなかで、本書のテーマである、高校という新しい学校環境への移行を経験することになります。

＊ Sawyer, S. M., Azzopardi, P. S., Wickremarathne, D., & Patton, G. C. (2018). The age of adolescence. The Lancet Child and Adolescent Health, 2, 223-228.

第2章

十人十色の高校進学

「高1クライシス」のかたちはさまざま

高校進学が心の状態に及ぼす影響は、その種類も大きさも新入生によって十人十色です。このようなことを書くと「当たり前だ」と思われるかもしれません。ですが、あえて本書ではこうした一人ひとりの違いを強調し、それを改めて読者のみなさんに知ってもらいたいのです。

例えば、心に対する影響について、その「内容」を見れば、悪い方向の影響もあれば、良い方向の影響もありますし、そのどちらもないことだってあります。また、影響の「大きさ」を見れば、心に対する影響がとても大きい場合もあれば、小さい場合もありますし、全然影響がないなんてこともよくあります。みなさんや身近な人の高校進学ではどうでしょうか？

さて、第2章では、なぜこのような違いが出てくるのか、心理学の視点から、その背景を考えていきたいと思います。

はじめに、高校進学での経験が十人十色であることを示す具体例として、3名の新入生の架空ケースをご紹介します。ぜひ、みなさんも新入生の目線で読んでみてください。「私も似たような状態だった！」と思う人もいるでしょうし、「私は全然違った」と思う人もいるでしょう。いずれにせよ、ここでは、さまざまな「高1クライシス」のかたちがあることを知ってもらいたいのです。

次に、なぜ進学後に心の状態が一人ひとり異なるのか、心理学の研究にもとづいてその背景をひもといていきたいと思います。このあたりから心理学の専門用語が増えてきますので、少し難しく感じられるかもしれません。できるだけ平たく解説しますので、どうかお付き合いください。とくに高校進学でつまずいてしまった新入生や、それを支える周囲の大人にとっては、心の「つまずき」からの回復とその方法を考えるためのヒントになるはずです。

それでは第2章を始めていきましょう。

ケース①：風邪で欠席が早々に続いたAさんの高校進学

入学式で少し落ち着かない様子だったAさんは、季節の変わり目ということもあって、入学式の翌日から、しばらく体調を崩してしまいました。38℃くらいの熱、倦怠《けんたい》感、のどの痛み、軽い咳《せき》。典型的な風邪の症状です。病院での診断もそうでした。別にAさんはもともと身体が弱いわけではありません。むしろ健康的なほうです。ですから、「たまたま」ひいた風邪でした。ただ、少ししつこい風邪で、Aさんは4日間ほど学校をお休みすることになりました。

学校に復帰する前夜、Aさんは「入学してから4日も休んでしまった。どうしよう……」と少し焦った様子でお母さんに話します。それと同時に、「遅れた分を早く取り戻すんだ」と意気込んでもいました。

翌朝、入学式以来登校していなかった1組の教室は、入学式の時よりも明らかに和やかな雰囲気で、すでにLINEやインスタグラムでつながっているだろう、数名単位の友達グループができあがっていました。全員とはいいませんが、少なくともAさんの近くの席のクラスメイトはそのような感じだったのです。中学校のときの制服をお互い写真で見せ合ったりして、嬉々《きき》とした声で盛り上がっています。

こうした雰囲気に気おされるのも仕方ありません。Aさんは1時間目の授業が始まるまでの間、ずっと疎外感をおぼえていました。どこか、自分が透明人間のように感じられたのです。居心地の悪さもありました。中学時代からの友達が同じ高校にいればまだよかったのですが、誰一人いないのが「アンラッキー」でした。今はただただ無意味に手元のスマートフォンをみて、居心地の悪さから意識をそらすのが精一杯でした。

Aさんは、良くも悪くも、素朴でシャイな性格です。仲の良い友達であれば、それが全然感じられないほどに明るく活発に交流することができますが、初対面のクラスメイト相手にはそうもいきません。中学時代は、小学校から一緒の友達がいましたので、友達づくりで困ることはありませんでした。入学早々、自然なかたちで友達になる機会があればよかったのですが、風邪でしばらく休んだこともありますし、今のところ席の近くのグループはAさんに声をかけてくれそうな雰囲気はありません。

1年1組は全員で32名。全く知らない人たちで構成される集団に入り、そこで過ごすというのは、小学校以来、振り返れば初めての経験でした。もちろんこの状況で、友人関係をイチから築く経験も初めてです。今日の3時間目に移動する体育館の位置もまだよく分かっていませんし、電車で登下校するのも初めて。その他にも、初めてのことばかりです。

こうしたさまざまな「初めて」が、高校生活をスタートさせたAさんの心や行動に影響を及ぼしました。Aさんはしばらくの間、暗い表情と重い足取りで学校に通うことになりました。

ケース②：部活で自信をなくしたB君の高校進学

Aさんの今後が気になるところではありますが、別の新入生であるB君の高校進学についてもご紹介しましょう。入学式でわくわくと希望に満ちた顔をしていた彼ですが、

Aさんと同じで、つまずいてしまった一人でした。

Jリーガーを目指し、中学校でサッカー部に所属していた彼は、高校でもサッカー部に入部することにしました。この高校のサッカー部は強豪校で、練習はとてもハードでした。中学校を卒業して高校に入学するまでの間、つまり春休みのうちから、高校のサッカー部の練習に参加することになっていて、B君も他の新入部員と同じように「監督やコーチに頑張ってアピールするぞ」と、意気込んで部活に取り組んでいました。

ただ、やはりそこは県内で上位のサッカー部。練習量や技術、先輩たちのフィジカルの強さ、その他さまざまなレベルが中学時代とは違うわけです。新入部員も中学時代にキャプテンを務めるなどした生徒ばかりでした。もちろんB君もその一人で、多少の自信をもって入部しましたが、ついていくのに必死でした。

入学式の時点では目をきらきらと輝かせ、自分が活躍する明るい姿をイメージしていたB君でしたが、慣れない、そしてハードなサッカー部の練習内容にだんだんと疲れが溜《た》まっていきます。入学式の翌週には、授業中に居眠りしてしまうことが増えていきました。幸いにも、サッカー部には30人の新入部員がいたので、友達作りは全く問題ありませんでした。

ですが、居眠りのために、だんだんと授業の内容が理解できなくなり、学校生活の大半を占める授業をつまらないと思うようになってしまったのです。

この高校は県内でも進学校として知られていましたから、彼もそれなりに勉強が得意でしたし、好きでもありました。ですが、今は違います。入学後の中間試験では、新入生の中でも下から数えたほうが早い成績順となり、放課後には補講に参加しなくてはならなくなりました。当然、放課後の部活に参加する時間も減りますから、なにより大切にしていたサッカーにも悪影響が及びます。

結果として、高校に入学して数か月、部活と勉強はどちらも本人が納得いく結果にならず、入学式に輝かせていた目は曇っていくのでした。B君を古くから知る家族や友人は、彼を明るく活発な性格だと評しますが、今では違ってみえます。これから、彼はどうなるのでしょうか。

ケース③：良好なスタートを切ったCさんの高校進学

B君の今後も気になるところですが、最後にもう一人だけ、また別の新入生の様子をみてみましょう。入学式で校長先生の話を退屈そうに聞いていたCさんです。入学式の様子だけをみれば、彼女もAさんやB君と同じように、高校進学でつまずいてしまった一人なのではないか、と思うかもしれません。しかし、彼女は違ったのです。

Cさんの家族構成は、両親、5歳年上の長女、3歳年上の次女、そしてポメラニアンの5人と1匹です。性格は温厚で、中学校での成績は真ん中から少し上、吹奏楽部ではオーボエを担当していました。自宅から距離が近いという理由でこの高校を志望して、一般入試で合格します。

とくに「高校でこういうことをやりたい」とか「将来のために頑張りたい」とか明確な期待をもって入学したわけではありませんでしたが、彼女の高校生活は、AさんやB君と比べると順風満帆と言っても過言はありませんでした。

入学式当日には、通学カバンにつけていた人気キャラ「ちいかわ」のぬいぐるみストラップをきっかけに、隣の席の鈴木さんと一つ前の席の佐々木さんと意気投合します。彼女たちもたまたま「ちいかわ」が好きだったのです。慣れないことも多い高校生活のスタートで、温厚なCさん、内気な鈴木さん、落ち着きのある佐々木さんの三人はお互いにとって心の支えになりました。

Cさんは高校では帰宅部を選択し、入学から1か月後には自宅近くのファミレスでバイトをしようかどうか、家族に相談をしています。授業にも真面目に取り組み、中学校の時よりも勉強に楽しさを見出しているようです。彼女にとって高校進学は、ある意味で単に学ぶ場所が変わった程度のことで、進学それ自体やその後の学校生活で何か特別に気になることはありませんでした。

うまくいっている、あるいは何も問題がないときというのは、その理由を深く考えたり、振り返ったりしないものかもしれません。AさんやB君の心には、高校進学後に「どうして？」「なんで？」という気持ちがありましたが、Cさんにはそれがありませんでした。

＊　＊　＊

ここまで3名の新入生を例に挙げ、高校進学後にどのような経験をしたのかをご紹介しました。AさんとB君は進学後につまずいてしまい、Cさんは順調なスタートを切ったようでしたね。読者のみなさんのなかにも、AさんやB君のように、さまざまな理由でうまくいかなくなってしまった人もいるかと思います。そういう人は、今回の例から「つまずいたのは私だけじゃないんだ」と、まわりを見渡せば同じような経験をしている新入生たち（ある意味で仲間）がいることに、ぜひ気づいてほしいと思います。

ふだん、高校進学での自分の経験を他の人と共有することはあまりないかもしれません。この機会に身近な人と共有してみませんか？　誰もが経験する高校進学でも、まったく違った視点があることに気がつく機会になると思います。

コラム② 身体の成長と心

かつて、哲学者ジャン＝ジャック・ルソー（1712〜78）は、『エミール』という書籍の中で、思春期（青年期のはじまり）を次のように表現しました。

「私たちはいわば二回この世に生まれる。はじめは人間に生まれ、次には男性か女性に生まれる」

みなさんはこの意味が分かりますか？「はじめは人間に生まれ」とは文字通り、母親から生まれてくることです。思春期を指しているのが「次には男性か女性に生まれる」という箇所で、第二次性徴を指しています。これは成人と同じような生殖機能の獲得を意味します。性への関心が高まる時期であるとも言えるでしょう。

平均的に、小学校高学年頃から第二次性徴が始まります。第二次性徴の開始は、女子が10歳頃で、男子よりも1〜2年程度早いのも特徴的です。小学校高学年くらいの児童をみると、女子の方が身長が高く、男子よりも少し大人びて見えるかもしれません。

女子はエストロゲン、男子はアンドロゲンという性ホルモンの影響を受けて、いわゆる生物学的に女性あるいは男性らしく身体が成長していきます。また、男女ともに成長ホルモンの影響を受けて、骨が成長し、急激に身長が伸びます。高校入学の時点では、身体の成長スピードは比較的落ち着いてきているはずですが、人によっては高校から別人のように身長が伸びた人もいるかと思います。

青年期は、第二次性徴の開始タイミングやスピードに大きな個人差があるため、それにまつわる悩みを抱えやすい時期です。自分の身体の変化にとまどったり、他の人との違いを気にしたりした人もいるでしょう。実際、心理学者たちは、第二次性徴の個人差が心の状態にも影響することを報告しています。具体的には、第二次性徴の開始が早い人ほど、うつ症状が高い傾向があるというものです。*

研究者たちは、こうした第二次性徴の状態（生物学的な要因）も、進学後における心の状態に影響しうることを想定しています。

* Ullsperger, J. M., & Nikolas, M. A. (2017). A meta-analytic review of the association between pubertal timing and psychopathology in adolescence: Are there sex differences in risk? Psychological Bulletin, 143, 903-938.

十人十色の心の変化を示すデータ

実は、先ほど例に挙げたAさん、B君、Cさんのような違いは、心理学の調査データからも描き出されています。ここからは、心理学研究の視点に立って、高校進学と心の関係を分析していきましょう。

２０１６年、当時、発達心理学者「見習い」であった大学院生の私は、４００名程度の生徒を中学3年生から高校2年生まで追跡調査し、彼らの心が進学を通じてどのように変化するのかを調べることにしました。[4]

その結果、一人ひとりのデータをみてみると、中学3年生から高校2年生にわたって描かれた心の軌跡は、実に多様であることが改めて描き出されたのです。こうした多様な軌跡をわかりやすく分類すると、次のようないくつかのパターンが観察されました。

・中学校も高校もどちらもあまり変わらない生徒
・中学校ではあまりうまくいっていなかったけれど、高校進学後にうまくいった生徒
・中学校ではうまくいっていたけれど、高校入学直後に大きくつまずいた生徒
・高校入学直後に少しだけつまずき、その後さらに大きくつまずいてしまった生徒

このような十人十色の心の変化は、私の調査だけではなく、海外の研究者たちによっても調べられています。むしろ海外のほうがこうした調査データは豊富です。日本と海外で教育制度が違うとはいえ、高校という新たな環境に飛び込むことは、「さまざまな心の側面」に変化を引き起こす機会になりうると、発達心理学者たちは考えています[5]。

心にはさまざまな側面がある

高校進学が「さまざまな心の側面」に影響しうると言いましたが、読者のみなさんに、もう少し具体的なイメージをもってもらえるように解説したいと思います。

ここで何をお伝えしたいかというと——またしても「当たり前だ」と言われるかもしれませんが——私たちの心は一面的というよりは多面的だということです。

物事の捉え方にかかわる「認知」、悲しさや嬉《うれ》しさなどの気持ちにかかわる「情動」（あるいは感情）、何らかの経験の結果として行動が変わることを指す「学習」など、さまざまな側面から心を説明することができます。

その一つの「情動」に目を向けても、さらに細かく人の心を言い表すことができます。例えば、「自分のことを価値のある人間だ」と感じるような心の特徴は「自尊感情」と呼ばれています。また、これも広い意味で情動に含まれると思いますが、最近2週間のうちにどの程度「明るく活発に過ごしたり、興味のあるものがあったり、ぐっすりねむれたり、落ち着いて過ごせたりしたか」といった主観的な感覚を「精神的健康」と呼んだりもします。

このように心を細かく見ていくと、高校進学では「認知」や「情動」など、さまざまな心の側面が変化する場合があります。変化の仕方も十人十色です。ある心の側面（例えば、自分自身を大切に思う感覚）については変化するけれど、別の側面（例えば、勉強が好きという感覚）についてはあまり変化しない、といったこともありえます。

「学校適応感」を視覚化する

ここで「学校生活がうまくいっている」という主観的な感覚のことを「学校適応感」と呼んでみましょう。これも「情動」の一つだと言ってよいかもしれません。もっと細かく見れば、「学校適応感」には、「学校が好き」とか「学校が楽しい」とか、そういった気持ちも含まれています。この「学校適応感」を例に、高校進学前後の変化を考えてみましょう。

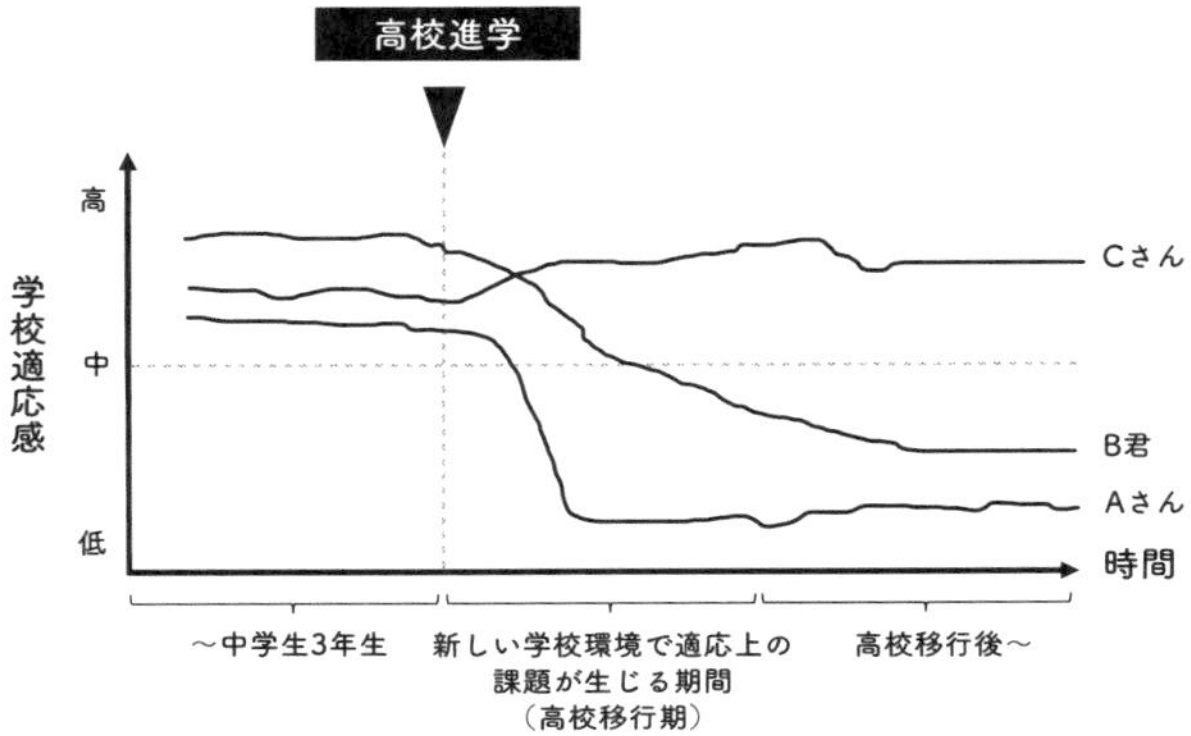

上図は、先ほど例に挙げた3名の新入生たちの「学校適応感」を表しています。縦の軸が学校適応の高さを表していて、上に行くほど「うまくいっている」という感覚が強いことを意味します。横の軸は時間経過を表し、右に行くほど時間が進んでいくものと考えてください。中央の軌跡は、それぞれ、Aさん、B君、Cさんの「学校適応感」の変化を表したものです。

入学早々の風邪による欠席をきっかけに、「教室に居場所がない」としばらく孤独な気持ちが続いたAさんの「学校適応感」は、それを表すかのように入学直後から大きく低下し、その後も低下したままになっていました。

サッカー部のハードな練習をきっかけに、授業中の居眠りが増え、部活も勉強も期待したとおりにいかず、焦りが募るB君の「学校適応感」は、中学校の時はだいぶ高かったものの、高校進学後からゆるやかに下がっていきました。

Cさんの場合は、中学校の時よりも少しだけ高校進学後のほうが「学校適応感」が高くなっています。温厚な性格、入学早々に気の合う友達に出会えたこと、2人のお姉さんたちから高校生活について話を聞いて事前にイメージをもてたこと、そうした複数の要因がCさんの「学校適応感」に関与したのかもしれません。

読者のみなさんの「学校適応感」は、このように視覚化すると、高校進学の前後でどのような軌跡をたどったでしょうか？　ぜひノートやルーズリーフに右図のようなグラフを作成してみてください。自分の経験を少し客観的にみることができるかもしれません。

要因①：同時多発的な環境の変化

ところで、実はここまで例に挙げた3名の新入生は、クラスは違いますが、同じ高校に入学していました。同じ学校であるのにもかかわらず、なぜこうした「学校適応感」の軌跡の違いが生じたのでしょうか？　この違いに関与する要因は無数にありますし、しかも、それらの要因はお互いに複雑に入り組んでいますから、正直なところ、説明は簡単ではありません。とはいえ、これを学術的な根拠をもって説明するのが、発達心理学者としての私の仕事です。本書でもその役割に徹することにしましょう。

一つの要因は、すでにぼんやりと述べていました。高校に進学することは、さまざまな学校環境の変化が同時多発的に重なるので、それに対処したり慣れたりするのに負荷がかかるというものです。次の章で詳しく述べますが、通学方法が変わったり、学校の規模（生徒数など）や校則が変わったり、高校生として新たな役割を期待されたり、友達や教員との関係を再構築したり、授業の難易度や専門性が高まったり――その他にもさまざまな変化が同時に起きるわけです。

そのため、入学してしばらくの間は、新しい学校環境に適応するための課題に直面する時期（移行期）であるとも言えるでしょう。

もちろん、例に挙げた3名は、それぞれクラスが違うので、厳密にはそれぞれ異なる経験をしているはずです。とはいえ、同じ高校に入学しているので、共通した学校環境の変化も経験しているでしょう。同じような経験をしても、3名の心の状態に違いが生じたのはなぜなのでしょうか。

要因②：個人がもつ特徴の違い

これは二つ目の要因、つまり新入生たちがもつ特徴（ここでは「個人要因」と呼びましょう）の違いから考えることができます。例えば、個人要因の一つとして、性格を挙げてみましょう。ここでの性格とは、「その人自身を特徴づける心や行動の傾向」を指すものだと考えてください。

人の性格は、おもに五つの因子の組み合わせでうまく説明できるとされています。少しだけ解説すると、五つの因子とはそれぞれ「外向性」「神経症傾向」「協調性」「開放性」「勤勉性」と呼ばれるものです。五つの因子があるので、「ビッグファイブ」と呼ばれたりもします。

ざっくり言えば、「外向性」は社交的であったり、活発さを表したりする性格の側面。「神経症傾向」はネガティブな気持ちになりやすいなど、情緒の不安定さを表す性格の側面。「協調性」はいわゆる思いやりをもって他者と接する性格の側面。「開放性」は新しい経験や空想を好んだりする性格の側面。「勤勉性」は真面目で、計画を立てて目標を追求するような性格の側面を意味します。

さて、次の二つの文は、それぞれみなさん自身にどのくらい当てはまりますか？「まったく違うと思う」が1点、「どちらでもない」が4点、「強くそう思う」が7点だとして、1〜7点で評価してみてください。[6]

・活発で、社交的である
・ひかえめで、おとなしいと思う

一つ目の文に低い得点、かつ、二つ目の文に高い得点をつけた人は、「外向性」が低い、つまり「内向的」な性格であると言えるかもしれません。例に挙げたAさんのように内向的な人であるならば、大人数で騒いだり、初対面の人と積極的に話したりする状況で、他の人よりも大変に感じる場合もあります。対照的に、一つ目の文に高い得点、かつ、二つ目の文に低い得点をつけた人は、こうした状況でどう感じるでしょうか。B君のように「外向的」な性格であるために、ストレスに感じるどころか、むしろ楽しく過ごせるかもしれません。

このように、同じような経験をしても、個人要因(ここでは性格)によって影響の度合いが変わってきたりすることがあるのです。もちろん、個人要因は性格の違いだけではありません。性別や身体的な特徴なども、高校進学後の心の状態に影響する個人要因になりえます。日本ではそこまで注目されませんが、アメリカでは民族的にマイノリティ（例えば、アフリカ系アメリカ人）であるかどうかについても、高校進学後の適応に影響する個人要因として注目されてきました。[6]

学校環境とマッチしているか？

さて、一人ひとりが進学後に異なる軌跡をたどる理由について、ここまで二つの要因を取り上げました。察しのよい人はもうお気づきかもしれませんが、実は、心理学ではこの二つの要因の組み合わせが、高校進学と心の関連を説明するうえで重要だとされています。

より具体的に言えば、個人の要因（特性やニーズなど）と進学後の環境が「マッチング」（適合）しているかどうかが、心の状態に影響すると考えられています。専門的には「段階‐適合理論」と呼びます。[7]

左図は、この観点から、改めて高校進学前後における「学校適応感」の軌跡を描いた

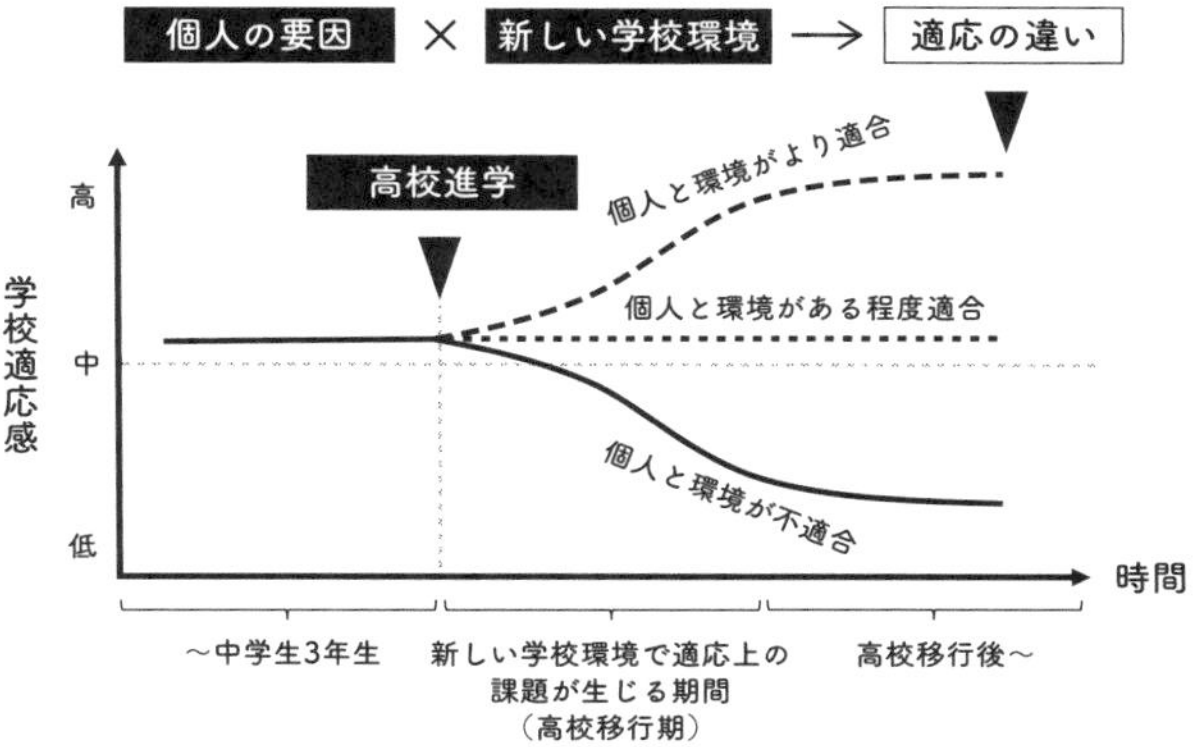

ものです。縦軸と横軸の見方は、先ほどの図と同じです。中央の線は、個人要因と学校環境の「マッチング」の観点から、予想される「学校適応感」の軌跡を示しています。高校に進学するまでの線は、説明の便宜上スタート地点をそろえて1本で描かれていますが、進学後は3本に分岐することが見て取れます。今回はこの分岐に注目してみましょう。

まずは、入学後に「学校適応感」が下がっている軌跡に着目してください。これは54頁の図でみたAさんとB君の軌跡と少し似ていますよね。このケースでは、個人の要因と学校環境がうまく「マッチング」していないために、「学校適応感」が低下していると考えられます。

例えば、Aさんの場合は、入学後に風邪をひいて欠席が続くという「アンラッキー」も重なりました。シャイな性格の彼女は、入学を通じて初対面の人だらけのクラスに入るのも緊張します。自ら積極的に初対面のクラスメイトに話しかけるのも大変です。「頑張って話かけよう」と頭の中でぐるぐると考えるだけでも疲れてしまいました。しばらく欠席が続き、すでに友達グループがつくられ始めた状況では、その大変さに拍車がかかるのも仕方がありませんでした。

また、B君の場合は、強豪サッカー部でのハードな練習に対して、身体的な特徴やスキルがマッチせず、さらに向上心が強く誠実な性格も相まって、心身ともに疲弊しやすい状況になってしまったようです。Aさんと違い、クラスメイトとの関係には困ることはありませんでしたが、部活は学業にも悪影響を与え、進学後に難易度の上がった授業についていくことが難しくなりました。

もちろん、これらの背景以外にも、彼らの「学校適応感」に影響を及ぼした個人要因や学校環境の変化はたくさんあります。とはいえ、AさんとB君にとって、ここで取り上げた個人要因と学校環境のミスマッチが、彼女らの「学校適応感」にとりわけ大きな影響を与えたようです。

次に、中央の「学校適応感」が変化していない直線に注目してみましょう。ここでは分かりやすくするために直線で描きましたが、実際には多少の変動があるものだと思ってください。この線は、例に挙げた3名の新入生のうちでは、Cさんの軌跡と似ていますね。

Cさんも進学後に全く苦労がなかったわけではありません。ただ、自宅から高校までの距離が近くて通学がラクだったり、幸運にも入学早々に気が合う友人に出会えたり、Cさん個人と学校環境との「マッチング」という観点では、全体的にみるとAさんやB君のそれより良好だったのです。

さらに、一番上の線、「学校適応感」が入学後に上昇している軌跡をみてください。中学校の時よりも、高校進学後に個人と環境がマッチしていれば、この軌跡が示すように「学校適応感」を含むさまざまな心理的な傾向がより良い方向に変化することもあります。進学後につまずいてしまったAさんやB君も、何らかのきっかけで学校環境との「マッチング」が改善するようであれば、この軌跡は上を向き始めるでしょう。今まさに入学後でつまずいてしまった人にとっては、こうした可能性に少し希望がみえるかもしれません。

＊　＊　＊

「高校進学はピンチにもチャンスにもなる」

私の大学院時代の師匠の言葉です。みなさんにとっての高校進学はどちらでしたか？

本書は『高校進学でつまずいたら』というタイトルですから、手に取ってくださった読者のみなさんは、どちらかといえば「ピンチ」だった、「つまずいてしまった」という人が多いかもしれません。

ところで、「ピンチ」だった人の割合は「多数派」なのでしょうか？　新入生を1年近くにわたって追跡調査してみると、実は大きくつまずくことなく、新たな高校生活に順応している生徒が「多数派」であることがわかります[4]。意外でしょうか？

この事実から、高校進学後につまずいた人の経験や気持ちというのは、「多数派」のクラスメイトにはなかなか理解されにくいものかもしれません。「私だけ違う」「独りぼっちだ」「取り残されてしまった」と感じている人もいるでしょう。かつて高校生だった私もそうでした。誰にも話さず、一人で抱えていました（詳細は第5章）。

いままさに「つまずき」の最中にいる人は、目の前のことで精いっぱいで、周りの様子がみえないかもしれません。もちろん、それは自然なことで、仕方がないことでもあります。ただ、実は周りを見回してみると、身近なところ、あるいはどこか遠くの高校には、みなさんと同じように進学につまずいてしまった1年生が必ずいます。「どっちが大変だった」とか、他人の経験をさげすんだりしてほしいわけではなく、私は「決してみなさんは一人ではない」ということをお伝えしたいのです。もちろん、「つまずき」の種類や大きさは人それぞれですが、本書で例に挙げたAさんやB君、そしてかつての私も高校生活に苦しんでいました。

自分の姿を5メートルくらい高いところから見下ろすかのように、少しだけ遠くから自分の姿やこれまでの経験をながめてみてください。もしかしたら、少しだけ息苦しさが減るかもしれません。本書は、みなさんが自身の高校進学を客観視できるようにお手伝いをしたいのです。

コラム③ 高校進学はアイデンティティの危機？

突然ですが、鏡を見てください。その姿をみて、高校生のみなさんは、「自分」をどのような人間だと思いますか。この「自分」はこれまでも、そしてこれからも同じ「自分」だと思いますか。

また、母親や父親、友達からそれぞれどのような人間だと思われていると思いますか。こうした「自分が思う自分」と「他人が思う自分」は同じでしょうか、あるいはズレがあるでしょうか。

もちろん、物理的には自分という存在は一つの個体ですので、鏡で見た自分と他人が見た自分は同じ個体でしょう（とはいえ、余談ですが、自分と他人の意識、感覚の質が同一かを証明するのはけっこう難しい問題なのですが……）。

ただ、その自分をどのように理解するかはまた別の話です。その時々で、「自分が思う自分」の理解は変わることもあるでしょう。また、他人の数だけ「他人が思う自分」があって、それらが「自分が思う自分」と大きくズレるなんてこともあります。

「いろいろな姿の「自分」があってもいいじゃん。どれも「自分」じゃん。」という受容の境地に達することができればいいですが、青年期にはなかなかそうはいきません。生物的な成長にともなって、自分自身が他人とは異なる個としての「自分」であることにはっきりと気づき、自己に意識を向けはじめるのが、青年期の心理的な特徴でもあるからです。言い換えれば、「自分」が何者か（アイデンティティ）を問い、模索し、何らかの答えを得ようとする時期であるとも言えます。*

そして、そこに立ちはだかるかもしれないのが学校移行です。中学時代はその中学校での「自分」がありました。しかし、高校に進学すると対人関係を含めさまざまな環境が変わるわけですから、それまでの「自分」が揺らぐこともあるでしょう。社会的な肩書も「中学生」から「高校生」に変わります。進学は良くも悪くもアイデンティティの「危機」になる場合もあるわけです。

さらに入学後、1年生のうちから進路やキャリアを意識させる学校もあるでしょう。そこで学校や大人たちは、みなさんに「自分」と向き合うように促すかもしれません。

ただ、1年生のうちに「決めた」ことが、大人になって実際にそうなった人は、おそらくほんの一握りなのではないかと思います。実現した人はもちろんすごいと思います。

もちろん、「自分」を問い、将来について考えることは決して無駄ではありません。とはいえ、将来やりたいことが高校時代に決まらなくても、必要以上に焦る必要はないともお伝えしたいです。

＊ 中間玲子・杉村和美・畑野快・溝上慎一・都筑学（２０２１）「青年期におけるアイデンティティ発達の初期過程：児童期後期から青年期中期を対象とした検討」『発達心理学研究』32巻、２５５〜２６６頁

第3章 進学とともに変わること

どのような環境の変化が起きるのか？

ここまで、高校進学が新入生の心にとって「クライシス」になりうること（第1章）。またそれが、新入生がもつ個人要因と進学先の学校環境との「マッチング」によって生じうること（第2章）をお伝えしました。高校進学をきっかけにつまずいてしまった人は、その背景の一つとしてこの「マッチング」に問題があったのかもしれません。

このように、心理学の視点から高校進学と心の関係をのぞいてみると、全てではないにせよ、「つまずき」の背景が少しずつ浮かび上がって見えてこないでしょうか。

とはいえ、心理学は万能ではありません。本書の知識があったとしても、進学するまえにあらかじめ、ある個人が確実に「つまずく」かどうかを予言することはできないでしょう。

もちろん、高校に進学したばかりのみなさんが、これからどうなるかは私にも分かりません。ですが、心理学の知識は「転ばぬ先の杖《つえ》」、あるいは転んでしまったあとの

「知恵袋」くらいにはなると思っています。それだけでは少し心細いでしょうか？

さて、第3章では、個人要因と学校環境の「マッチング」の視点を踏まえたうえで、とくに高校進学によってどのような環境が変わりうるのかを考えていきたいと思います。

ぜひ、高校生の読者のみなさんは、新たな学校環境で起こったこと、今も起きていること、そしてこれからも起きるかもしれないことを、改めて考えてみましょう。また、つまずいてしまった人は、これからご紹介する学校環境のうち、どれが自分と合っていないと思うかをぜひ考えてみてください。

それでは第3章を始めましょう。

通学方法や通学時間

地域ごとに事情は異なりますが、高校進学とともに通学方法が変わるのはよくあることです。余談ですが、私が大学進学のために田舎から東京へ上京して驚いたのは、制服を着た小学生が集団で電車通学していたことです。なぜなら私の地元では小学生の電車通学は珍しく、そのような様子を見たことがなかったからです。「さすが東京だな」と素朴な感想がおもわず出ました。

このように都市部に住んでいれば、中学校も高校も変わらず電車通学の人もいるでしょう。ただ、進学先の場所によっては、新たにバスを乗り継ぐ必要が出たりするなど、それまでと全く異なる経路で通学するようになる人もいるかと思います。

ここで、第2章でご紹介した新入生Aさんのケースをみてみましょう。Aさんは、中学校までは自転車通学がメインで、通学時間は15分ほどでした。進学先の高校は自宅からかなり離れていたので、電車で高校の最寄り駅まで移動し、そこからさらに自転車で30分かけて通学することになりました。通学時間は、片道1時間、往復で2時間といったところです。高校は最寄り駅からだいぶ遠かったので、自転車での通学はAさんにとって負担になりました。

私が暮らす東京では、通勤時間帯の圧迫感の強い満員電車に揺られながら、高校に通う生徒たちの姿をよく見かけます。もちろん「慣れ」はあるでしょうが、それが苦手な人にとってはつらい時間でしょう。短い時間ならまだしも、片道1時間以上をかけて通学する生徒もいるようです。高校進学後に初めてそのような通学方法になる人にとっては、大きな変化になりますし、心のさまざまな側面にも影響を及ぼすかもしれません。

少数ですが、高校から寮生活を始めるという人もいるでしょう。いずれにせよ、進学してからしばらくの間は、通学に気をつかうことになりそうです。読者のみなさんは、高校進学とともにどのような通学方法の変化がありましたか？　それは良い変化でしたでしょうか？　あるいはその逆でしょうか？

求められる役割や規範

高校の入学式では、校長先生やＰＴＡ会長、そして来賓などの大人たちが、新入生に向けて次々と祝辞を述べていきます。それらの祝辞には、「高校生として○○であってほしい」といった激励や期待もしばしば含まれます。

良くも悪くも、周囲の大人たちは、入学早々、新入生に対してさまざまな役割や規範を期待するものです。そのような光景が、桜が咲く入学式の季節には全国各地でみられます。春の「風物詩」とも言えるかもしれません。

「高校　入学式　祝辞」といったキーワードでネットを検索してみると、実際にそうした様子が垣間見えます。その一部を少し抜粋してみてみましょう。

・○○高校での生活をスタートする君たちに、三つのことを要望します
・ここを母校とするという決意をもって……（中略）、このような決意がなければ、充実した学校生活は過ごせませんし、成績も上がりません
・自分で決めた目標を実現させるために、意識を高くもち……
・今日スタートラインに立ったみなさんは、常に高い理想をもち、努力を積み重ねていけば……
・○○高校は、歴史と伝統があり、みなさんもその一員として自覚をもち……

これだけでも、周囲の大人たちが「ああしてほしい」「こうしてほしい」と新入生に期待したり要求したりしていることが伝わってきます。新入生のみなさんは、このような大人たちの期待をどのように感じましたか？　もちろん話半分に聞き流す人もいるでしょうし、期待に応えようとする人もいるでしょう。

私自身もそうですが、一部の新入生はこのような多くの要求に、少し気持ちが疲れる感じがするようです。ある意味で「型にはめる」要求や「しきたり」に強く違和感を覚える人もいるかもしれません。

おそらく、周囲の大人たちは「善意」でこのような期待を寄せているのだろうとは思います。大人目線で言えば、私もその気持ちは理解できなくもありません。とはいえ、「大人の期待に敏感で、その期待に応えなくてはいけない」と思いやすい人にとっては、進学後に寄せられる多くの期待が負担になることでしょう。

学校やクラスの風土

高校進学を通じて、学校やクラスの風土（雰囲気）が違うことを感じ取る人もいます。施設一体型の中高一貫校でもなければ、中学校と高校の雰囲気が大きく変わるというのは、よくあることです。

校舎や体育館などの建物という点もそうですが、そこに通う生徒の特徴、生徒数や教員数も、学校の雰囲気を形作るでしょう。「伝統」のような一見目に見えない要素も、そこに関連してくるかもしれません。あるいは、周辺地域の様子もその学校の雰囲気を作り出すことでしょう。

男女共学の中学校から、女子校や男子校に入学するという場合は、学校風土やクラス風土の変化をさらに大きく感じられるかもしれません。

生徒数に着目してみると、かつての私が通学していた中学校は各学年3クラス（各学年100名程度）しかありませんでした。それが高校に進学すると、各学年が8クラス

（各学年300名程度）になり、同学年の生徒の人数も全校生徒の人数も、中学校の時とは大きく変わりました。

それだけでも私は学校規模の違いを感じましたし、「自分は大勢の中の一人」に過ぎないのだという意識も芽生えました。また、高校は進学校であったということもあり、中学校の時よりも、学校全体に勤勉な雰囲気が漂っているように感じられました。

学校の雰囲気という点では、学校のルール、つまり、校則もそれを作り出しているかもしれません。最近では、一人ひとりの違いを尊重し、それを受容することを求める機運が高まっています。それは社会だけではなく、学校でも同じです。全国的にどんどん良くなっているとは思いますが、現在でも「前時代的」な価値観が強く残っている学校もあるでしょう。それはしばしば、いわゆる「ブラック校則」の問題として、ニュースでも時々取り上げられます。

例えば、「髪の毛は黒でないといけない」「前髪が眉毛にかかってはいけない」「ツーブロックは禁止」「スマートフォンは教室に持ち込んではいけない」「下着の色は白にしないといけない」「自動販売機は授業間の休み時間には使用できない」といった具合です。これらは、昭和のとある時期に「学校の荒れ」が大きな問題になり、全国的に校則が厳しくなったことの「遺産」であると言えるかもしれません。

読者のみなさんは、高校に進学してから、学校やクラスの風土にどのような違いがあったと思いますか？　この話題について、違う高校に入学した人や違う年代の人と共有してみると、学校や年代によってさまざまに異なることに気がつけるかと思います。

同級生や教員との関係

言い方が悪いかもしれませんが、入学してからしばらくの間は「見知らぬ者同士」が一つの教室に詰め込まれて、比較的長い時間の共同生活を求められるわけです。慣れ親しんだ人たちと過ごすのならまだしも、お互いに背景を知らない者同士では、大なり小なり「そわそわ」と居心地の悪さを感じる人もいるでしょう。こうした背景から、中学校の時よりも、クラスメイトとの関係性が遠く感じるのは自然なことでもあります。

それは決して「おかしい」ことではありません。私も高校進学後には友達とのかかわりに「そわそわ」しましたし、大人になっても正直そのような感じです。振り返れば、新しいクラスで「頑張って友達を作らないと」と意気込み、ふだんと違う自分を無理に演じたこともありました。ただ、本当に疲れます。

高校進学では、友達だけでなく、先生との関係も「リセット」されます。案外、先生たちも、初めて対面する新入生に対して「そわそわ」しているものです。入学したら、冷静にクラスメイトや先生の様子を観察してみてください。「緊張しているのは自分だけじゃないんだ」と案外安心するかもしれません。

読者のみなさんは、高校に進学してから、クラスメイトや教員の様子にどのような印象をもちましたか？　全日制の高校であれば、中学時代と同じく週に5日は通学するでしょうから、クラスメイトや担任の先生とは毎日のように顔を合わせることになります。そのようなメンバーとの関係が高校進学とともにゼロから始まるわけですから、それがみなさんの心に影響することもあります。その詳細については第4章で解説しましょう。

勉強の難易度

一般入試にせよ、推薦入試にせよ、高校進学にあたっては、学力（テストの得点）をもとに合否を判断することが一般的です。毎年、学習塾などが各高校の合格目安として、求められる偏差値を公表しているのをご存じの人もいるかと思います。入学定員との兼ね合いもありますが、この偏差値が高い学校ほど、テストで高い得点が求められるので、入学の難易度も高くなるわけです。例えば、得点が高い人の順に上から並べると、偏差値50であれば、テストを受けた人の中で平均くらい（50％）の位置、偏差値60であれば上位から約16％、偏差値40であれば下位から約16％といった解釈ができます（テスト得点のばらつきが正規分布する場合）。偏差値60の高校に入学するには、上位の成績が必要です。

かつて私が入学した高校は、入学の難易度は偏差値でいうと62が目安となっていました。一般的に、公立の中学校であれば、比較的学力にばらつきが多い生徒たちが通っていますが、高校になると、ある程度同じような学力をもつ生徒が集まるわけです。もちろん、高校によって入学の難易度はさまざまで、目安となる偏差値が35であったり、70を超えたりする場合もあります。また、私立高校の場合には、公立高校と比べて、合格に求められる偏差値の範囲が広いことがあります。

ここで何が言いたいかというと、こうした入学の難易度は、進学後の授業内容やその難易度にもかかわってくるということです。高校で採用される教科書は、出版社によって内容の難易度も異なり、当然、偏差値62の高校では、大学進学を意図して、教科書もそれなりに高い難易度のものが使用されます。その学校が生徒たちに求める学習到達レベルも高くなるわけです。

偏差値60が目安の高校に、ぎりぎりで合格できた新入生は、進学してからの授業の難しさや期待される学習到達レベルの高さに、中学時代とのギャップを感じることになるかもしれません。また、高校は義務教育ではありませんので、学業成績によっては留年という結果も起こります。

このように、進学にともなう学校環境の変化には、授業の難易度の高まり（あるいは低まり）も挙げられます。

他の学校の人と、使用されている教科書や授業内容の難しさなどを共有してみると面白いかもしれません。これも余談ですが、私は高校3年生になるとともに、定時制の高校に転校したのですが（コラム⑥）、そこでは1～3年生までが同じ教室で同じ授業を受けていましたし、授業の内容も極めて基礎的なものでした。高校でもここまで違うのか、と当時驚いたことを覚えています。

＊　＊　＊

さて、ここまでの内容をもとに、みなさんが高校進学で経験した学校環境の変化を振り返ることができましたでしょうか？　このように改めて文章化してみると、実にさまざまな環境が、しかも同時多発的に変化していることが理解できたかと思います。こうした振り返りを通じて、あまり自覚はなかったけれども、実は自分が大きな変化を経験以下の項目は、中学校の時と比べると、どのように変わったと思いますか？
（高校進学後7日目の飯村君の場合）

	悪い方向に変化した	←		変化なし		→	良い方向に変化した
通学方法	1点	2点	3点	4点	5点	6点	7点
通学時間	1点	2点	3点	4点	5点	6点	7点
学校の風土	1点	2点	3点	4点	5点	6点	7点
学校全体の人数	1点	2点	3点	4点	5点	6点	7点
学校の校則	1点	2点	3点	4点	5点	6点	7点
クラスの風土	1点	2点	3点	4点	5点	6点	7点
クラスの人数	1点	2点	3点	4点	5点	6点	7点
友達との関係	1点	2点	3点	4点	5点	6点	7点
教員との関係	1点	2点	3点	4点	5点	6点	7点
勉強の難易度	1点	2点	3点	4点	5点	6点	7点

していたと気づく人もいるかもしれません。

２０１６年、発達心理学者「見習い」であった私は、中学校から高校に進学することで、どのような環境の変化があったかを数量的に評価する自己報告式の尺度を作成しました。[9] それが上図です。新入生たちに、それぞれの項目について、「悪い方向」に変化したと思うほど1点に近く、「良い方向」に変化したと思うほど7点に近くなるように評価してもらいました。「変化していない」と思う場合は4点です。

図に○が書かれているのは、一つの例として、私が自身の高校時代を振り返って評価してみたものです。もちろん、高校を卒業してから時間が経っているので回顧バイアス（偏り）が大きいわけですが、全体的にはマイナスの方向に変化したと評価されています。新入生から得られたデータをみると、やはり十人十色といった様子で、さまざまな環境の変化を実感していることがわかります。

高校生の読者のみなさんも、この図の項目をもとに、自身の経験を振り返ってみてはいかがでしょうか？　入学直後であれば、まさに環境が変化したばかりの時期ですので、全体的にマイナスの方向に得点がついていても、「おかしい」ことではありません。しばらく新しい学校環境とのミスマッチが続いているようであれば、次の章でご紹介する心の「つまずき」が起こりやすくなっているかもしれません。

ちなみに、私の研究では、入学後1か月の時点で、学校環境が「良い方向」に変化したと評価していた新入生ほど、精神的な健康度も高かったことが分かっています。

コラム④　保護者との関係と心

一般的に、幼少期から青年期にかけて、だんだんと家族とともに過ごす時間が減り、学校などで友達と過ごす時間が増えていきます。思春期・青年期には親からの「心理的な離乳」が進み、平たくいえば自立心も高まる時期ですので、いわゆる「締め付けの厳しい」家族のもとでは、保護者との葛藤も生じるかもしれません。

発達心理学者たちは、長らく、保護者と子どもの関係性が、青年期におけるさまざまな側面の心の発達に影響することを報告してきました。

例えば、小さい子どもへの接し方（子育てスタイル）に着目すると、子どもの特性を認め、子どもの困りごとによく気づき、コミュニケーションをよくとり、自身の働きかけについてその根拠を子どもと共有するような態度は、子どもの健康的な発達を促進するといいます。その一方で、子どもの特性を無視したり、子どもが困っていても気づかないふりをしたり、行動を厳しくコントロールしたり、罰を与えたりする態度は、子どもの心の発達にネガティブな影響を及ぼすとされています。[*1] こうしたことは、青年期の子どもにも同様のことが言えるようです。[*2]

高校進学後が「うまくいく」かどうかにとっても、保護者との関係がプラスにもマイナスにも働くとされています。具体的には、新入生が自分の保護者からサポートを受けられると感じているほど、進学後の心理面や学業面にもプラスに働くようです。[*3]

裏を返せば、高校生活などについて気軽に話せなかったり、意見や考えを尊重してもらえなかったり、自分を理解してくれなかったり――保護者からサポートを受けられないと強く感じる家族環境のもとでは、進学後の「つまずき」から回復するのに、時間がかかってしまうかもしれません。

*1 Baumrind, D. (1971). Current patterns of parental authority. Developmental Psychology, 4, 1-103.

Darling, N., & Steinberg, L. (1993). Parenting style as context: An integrative model. Psychological Bulletin, 113, 487-496.

*2 Steinberg. L. (2001) . We know some things: Parent—adolescent relationships in retrospect and prospect. Journal of Research on Adolescence, 11, 1-19.

*3 Benner, A. D. (2011). The transition to high school: Current knowledge, future directions. Educational Psychology Review, 23, 299-328.

第4章

気分の落ち込み、不安の高まり

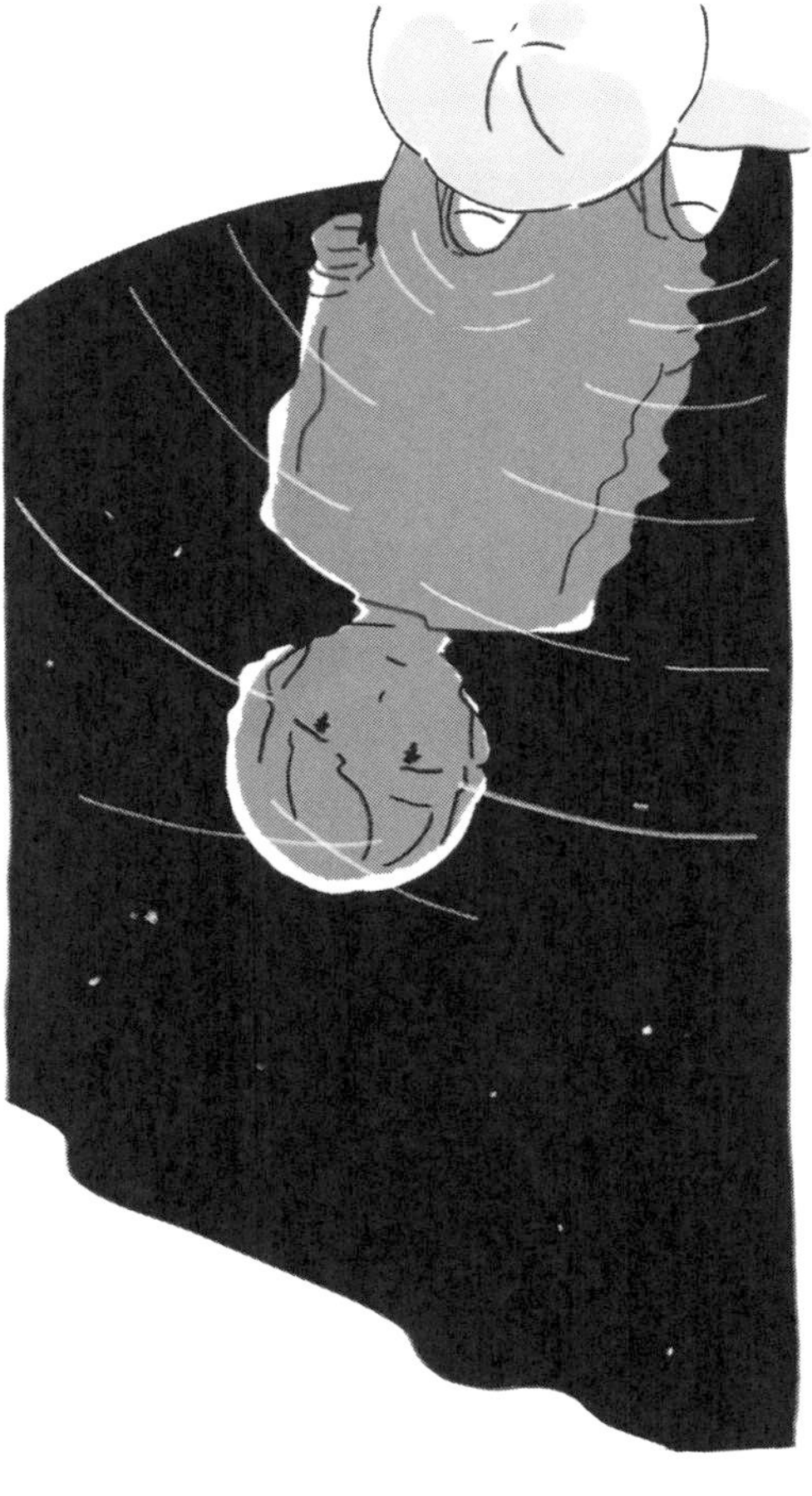

調査が明らかにした進学後の「つまずき」

第1章で、高校進学は心のクライシス（危機）になりうる出来事だ、とお伝えしたことを覚えていますでしょうか？　もちろん、誰もが不利益を被るような劣悪な学校環境では話が別ですが、高校進学は必ずしも心の発達にとってネガティブな影響を及ぼすばかりの出来事ではありません。

例えば、第2章で解説したように、新入生がもつ特性やニーズに対して、新しい学校環境の性質がマッチしているようであれば、中学時代よりも心理的により良い状態で過ごすこともできます。実際に、そのような生徒はたくさんいます。本書は、あくまで高校進学それ自体はニュートラルな出来事だという立場をとっています。

しかし、多くの心理学者や教育政策者、教育者たちの関心は、「チャンス」としての高校進学よりも、「ピンチ」のほうにあるのが実情です。彼らは長い間、あるいは今もなお、新入生の心の「つまずき」の種類や内容、原因を突き止めることに高い関心を寄せています。今まさに本書を手に取っている読者のみなさんも、進学による心の「つまずき」に関心があるのではないでしょうか？

こうした関心のもと、結果として、進学後の「つまずき」の特徴について、現在ではさまざまな実態が明らかにされています。本章でご紹介する「つまずき」の種類と内容は、直感的にも想像がつくものだと思いますが、研究データからもその様子が描き出されているものです。全体的には、いくつかの心の機能が、高校への進学を通じて「平均的に」ネガティブな方向に変化しやすくなることが示されています。

ところで、心の「つまずき」は、なかなか自分で言語化することが難しいものです。大人であってもそうです。つまずいてしまった新入生のみなさんには、ここからご紹介する「つまずき」の種類や内容が、自分の状態に当てはまるかどうかを振り返り、ぜひ自分の状態を理解するために役立ててほしいと思っています。

「つまずき」のイメージを具体的にもってもらうため、ここでは時折、第2章でご紹介した3名の新入生に再登場してもらうことにしましょう。おさらいすると、AさんとB

君は進学後に「つまずき」、Cさんは順調な高校生活をスタートさせたのでした。
それでは第4章を始めましょう。

学校への所属意識の低下

高校に入学すると「自分はこの学校の一員なのだ」という所属意識が小さくなる傾向があります。もちろん、中高一貫校でもなければ、同級生も教員も、そのほとんどが新メンバーになるわけですから、進学直後に所属意識が小さくなるのは自然な変化ではあります。

ただ、この帰属意識の低さは、進学後のさまざまな「つまずき」と関連することが知られているので、それだけでも着目に値すると言えるでしょう。例えば、入学早々に風邪でスタートが出遅れ、つまずいてしまった新入生のAさんも、しばらくの間は学校やクラスへの所属意識が著しく低いようでした。

次の文は、自分自身が「学校やクラスのなかで浮いた異質な存在だ」と感じている程度を測る心理尺度の一部です。[10] 新入生の読者のみなさんは、今の時点でこれらがどのくらい自分に当てはまると思いますか？ 「まったくあてはまらない（1点）」「あまりあてはまらない（2点）」「どちらともいえない（3点）」「ややあてはまる（4点）」「非常によくあてはまる（5点）」で回答してみてください。

・私のような人間は、この学校では受け入れられにくいだろう
・時々私はここの一員ではないかのように感じる
・私はここのだいたいの学生たちとはまるで違うと感じる

得点が高いほど、あなたは自分が学校やクラスのなかで浮いた存在だと感じているようです。進学直後であれば、このような気持ちを多少は感じるとは思います。しかし、それがあまりに強すぎたり、長く続いたりするのであれば、それは「つまずき」のサインといってもよいかもしれません。

サポートを得られる感覚の低下

学校生活で何か困ったことがあれば、友達や先生にアドバイスをもらったり、話を聞いてもらったり、サポートを受けることができます。とはいえ、お察しの通り、進学後に学校やクラスに集まるのは「見知らぬ者」同士ですから、必ずしも中学時代と同じようにいくわけではありません。

実際、心理学者たちが実施したいくつかの調査では、入学後に生徒たちが同級生や先生たちからサポートを感じにくくなっている様子を示すデータを報告されています。もちろん、学校への所属意識と同じように、新しい学校でサポートが得られにくくなると感じるのは、決して「おかしい」ことではなく、自然なことです。

次の文は、「クラスメイトからどのくらいサポートを得られると感じているか」（サポート知覚）を測る心理尺度の一部です。[11] 現在のあなたは、これらの項目についてどのくらいあると感じていますか？ 「決してない（1点）」「ほとんどない（2点）」「時々ある

（3点）」「だいたい（4点）」「ほとんどいつも（5点）」「いつも（6点）」で考えてみましょう。

・私のクラスメイトは、私に親切にしてくれる
・私のクラスメイトは、私に良いアドバイスをしてくれる
・私のクラスメイトは、私が間違ったときに優しく知らせてくれる
・私のクラスメイトは、クラスでの学習課題や活動を手伝ってくれる

得点が高いほど、あなたはクラスメイトからサポートを受けられるだろうと感じているようです。進学直後にこの感覚が小さいのは仕方がありませんが、例えば、2か月くらい経っても著しく低いようであれば、それは「つまずき」のサインと言ってよいかもしれません。というのも、一般的にクラスメイトや先生からサポートが得られないと感じているほど、気持ちが落ち込んだり、孤独だという感情が強かったり、出席数が少な

くなったり、さまざまな「つまずき」と関連すると言われているからです[12]。

高校進学でつまずくことがなかった新入生のCさんは、入学式当日には、気の合う2名のクラスメイトに出会えました。それによって早い段階で身近な人からサポートが得られるという感覚が高まったでしょうし、それゆえに学校やクラスへの所属意識も強まったかもしれません。実際にサポートを受けているか否かはともかく、「サポートが受けられる」という実感があることは、一般的には「つまずき」のリスクを下げてくれる働きをします。

自尊感情の低下

高校に進学すると、肩書が高校生に変わるだけでなく、クラスメイトも変わりますので、中学生までの「自分が思う自分」を見直す機会に、嫌でも直面することもあるでしょう（コラム③でも少し触れています）。新入生の心理を調べる研究者たちは、このような自己に対する気持ちのなかでも、とくに「自尊感情」と呼ばれる心の側面に注目しました。これは「自分」に対する肯定的な態度や感情を指すものです。「自分は他人より優れている」といった優越感というよりも、「自分はこれでよいのだ」という受容の感覚を意味します。

次の文は、自尊感情を測定するための心理尺度の一部です。[13] 新入生のみなさんは、自分自身について、これらの項目がどの程度あてはまると思いますか？「あてはまらない（1点）」「ややあてはまらない（2点）」「どちらともいえない（3点）」「ややあてはまる（4点）」「あてはまる（5点）」で評価してみましょう。

・だいたいにおいて、自分に満足している
・少なくとも人並みには、価値のある人間である
・物事を人並みにはうまくやれる
・自分に対して肯定的である

得点が高いほど、あなたは高い自尊感情をもっているようです。心理学者たちは、高校進学を通じて、新入生たちの自尊感情が低下しやすい様子を報告しています。

具体例を挙げてみましょう。新入生の一人であるB君は、高校進学を通じて自尊感情が下がった一人でした。彼の場合は、入学とともにクラスや部活でも友達がすぐできましたが、彼の自尊感情はしだいに下がっていきました。

というのも、高校生活で彼が最も大切にしていたサッカー部でのパフォーマンスが納得いくものではなかったからです。練習のレベルやレギュラー層との実力差を日に日に強く感じるようになり、それがB君の自尊感情を低めていったようでした。また、授業にもついていけなくなり、自分への否定的な気持ちはなおさら強まっていきました。

ある集団に新しく所属することになれば、学業や部活などさまざまな側面で、他者と比較する機会に直面するでしょう。他者を意識しすぎたり、集団の中で自身のパフォーマンスがうまくいかない場合には、自尊感情も一時的には下がるかと思います。

ただ、長い人生のスパンで見ると、新入生くらいの年代(15歳くらい)は、平均的に自尊感情が「どん底」の時期であることがわかっています。[14]脳の成長にともなって、「自分は何者なのか」「自分は他人からどう見られているのか」「自分と他人はどう違うのか」といったことに、はっきりと気づくようになる時期ですので、自尊感情が下がるのも仕方がありません。

「自分は自尊感情が低いのだ」と過度に悩む必要はありませんが、進学にともなう自尊感情の低下は、やはり他のさまざまな心の「つまずき」と関連することが報告されています。ですので、心の「つまずき」のサインとして、注目に値する心の状態であることには違いないでしょう。

不安の高まり

慣れ親しんだ中学校から高校という未知の環境に飛び込むわけですから、不安が高まるのも驚くべきことではありません。実際、心理学者たちによる調査でも、進学にともなって不安が高まりやすくなる生徒たちの様子が報告されています。不安の高さも進学後のさまざまな「つまずき」と関連しますので、注意深く見守りたいサインの一つです。ただ、これは見方を変えれば、新しい環境に適応しようと「もがいている」サインであるとも言えます。

進学後の不安の種類はさまざまです。その中でも、発達心理学者たちは、とくに「社交不安」と呼ばれる側面に注目することがあります。[7] これはおもに対人関係にかかわる不安です。例えば、「新しいクラスで、他の子が私をどう思っているか心配だ」といった、周囲の人から向けられるネガティブな評価に対する恐れ。また、「新しい同級生と話すのが不安だ」といった、周囲の人と接する際の苦痛。さらに、「新しい同級生から声をかけられたり、何かに誘われたりするのが怖い」といった、接触の回避。社交不安にはこのような複数の側面があります。

私たちの生活のなかで、不安を感じることは日常茶飯事です。期末試験の前には不安になるでしょうし、大事な部活の大会前夜に寝坊しないかと不安になることもあるでしょう。本来、不安は危険な状況から逃げたり戦ったりするために身体を準備状態（心拍数を高めて骨格筋に血流を集めるなど）にするような適応的な役割があります。そして、そうした不安は、原因となる出来事が終われば、自然となくなっていくものです。

ただ、試験が終わってしばらく経ってもずっと不安が続いているなど、原因となる状況が過ぎ去っても不安が長く続く場合は注意が必要です。高校進学でも同じことが言えます。新しい学校やクラスでの生活に不安を強く感じる状態が、入学後に数か月も続いているようであれば、日常生活に支障が出ている状態にあると言っても過言ではありません。そうした状態では、学校に行くことを考えると心臓がドクドクいったり、手に汗をかいたり、身体に力が入ったり、身体的な異変も表れているかもしれません。

気持ちの落ち込み

高校進学による「つまずき」の特徴には、気持ちの落ち込みも挙げられます。ここでは、気持ちの落ち込みを「うつ」とか「うつ症状」と呼ぶことにしましょう。私たちは生きていれば、嫌なことも起きますから、日々の生活のなかで気持ちが落ち込み、いわゆる「うつっぽく」なることだってあるでしょう。とはいえ、たいていの場合は、数時間や数日もすれば、気づくと元に戻っているものです。

うつ症状が問題になるのは、その状態が長く続く場合です。目安として2週間も続いているようであれば、勉強に集中するのは難しいでしょうし、毎日学校に通うのも難しくなっているかもしれません。そうであれば、日常生活や学校生活に明らかに支障をきたしていると言えます。「助け」が必要なサインです。

うつ症状は、単に主観的な気持ちの落ち込みだけでなく、身体の不調をともなう場合もあります。次の項目は、うつ症状によくみられるものです[15]。新入生のみなさんは、最近2週間のうちに、どの程度これらの状態を経験しているでしょうか？　少し考えてみましょう。

・悲しかったり、むなしかったりするような気持ちの落ち込みが、ほとんど一日中続いている

・何かに興味をもったり、喜びを感じたりする気持ちがない状態が、ほとんど一日中続いている
・ご飯がのどを通らない、食欲がない
・夜に眠れなかったり、途中に何度も目が覚めてしまったり、よく寝た気がしない
・人に話しかけられても、頭がまわらずなかなか出てこない
・何もしてないのにひどく疲れを感じ、何かをする気力も出ない
・自分は価値のない人間だと感じたり、「他人に迷惑をかけている」などと自分を責めたりする
・物事に集中できなかったり、考えがまとまらなかったりする
・死ぬことについて考えたり、それを計画したりしている

いかがでしたでしょうか？　最初の二つの項目のうち、どちらか一つ。かつ、三〜九つ目の項目のうち四つ以上が最近2週間のうちに続いているようであれば、「うつ病」

という診断がつく場合もあります。進学による心の「つまずき」のなかでも、とくに深刻なものですので、できるだけ早く周囲の大人たちに気づいてもらう必要があります。

学校環境とのミスマッチでうつ症状が長く続いているのであれば、そこからただちに離れ、十分に休養したり、メンタルクリニック（精神科や心療内科）などで医師や心理士といった専門家のサポートを受けたりすることが大切です。

学業意欲や成績の低下

進学による学校環境の変化は、学業意欲や成績にとってもマイナスに働くことがあります。心理学者たちは、友人や教員からサポートを受けにくいと感じたり、不安やうつ症状が高まったりするなど、こうした心の「つまずき」が、学業面の「つまずき」とも関連することを指摘しています。

進学後につまずいた新入生2名のケースを例に挙げてみましょう。AさんとB君も、心の「つまずき」が間接的に影響し、学業成績が振るわなかった新入生でした。

Aさんは、入学後しばらくの間、クラス内で疎外感が強く、落ち着かない状態で授業に参加する時間が続きました。そのような状態では、勉強もあまり楽しく感じられず、7月上旬の期末テストでは、新入生全体で下位15%程度の順位となってしまいました。

B君は、すでに述べたように、部活でうまくいかないことの焦りや自尊感情の低下、疲労による居眠りなどを背景に、授業の内容が理解できないことが増え、期末テストの結果も納得いくものではありませんでした。

AさんとB君が入学した高校は、進学校であるため、学力をある程度重んじる雰囲気がありました。そのため、新入生にとってもテストの成績は大きな関心事の一つでしたし、その成績が振るわないとなると、大なり小なり心理的にも影響が及ぶわけです。学業や学力を重んじない風土の学校環境であれば、AさんとB君の学校適応感はいまの学校よりも高かったかもしれません。

長期欠席や不登校、退学

進学後の「つまずき」は、新入生の行動を変化させる場合があります。その代表例は、長期欠席や不登校、退学と呼ばれるものです。高校進学後の欠席数や退学率の増加が古くから問題視されてきました。もちろん、新しい高校生活が「うまくいく」に越したことはありませんが、不登校や退学は必ずしも悪いことではなく、学校内での危険から守ってくれる役割もあります。そうせざるを得ないほど、新入生と学校環境の「マッチング」が悪かったということです。劣悪な学校環境であれば、むしろ欠席や退学（転校）した方が、うまくいく可能性もあるでしょう。

不登校を含む欠席数の増加は、ここまでご紹介した心の「つまずき」と決して無関係ではありません。新しいクラス内でサポートを得られる感覚が小さくなれば、クラスメイトとの関係について不安が高まるでしょうし、そうした状態が長く続けば徐々に「学校はつらい」「学校は楽しくない」「学校に行きたくない」などと考えるようになるかもしれません。

また、そうした背景からうつ症状が高まれば、睡眠に問題が出たり、ひどく疲れを感じたりして、身体的な不調のせいで学校に行きたくともそれが難しくなる場合もあります。

ただ、皮肉にも、「見えにくい」心の不調と違って、長期欠席などの行動や身体的な不調は、周囲からも見えやすい「助けて」のサインですので、「つまずき」に気づいてもらいやすいのも確かです。

＊　＊　＊

第4章では、心理学者たちが調査で明らかにした実態をもとに、高校進学後によくみられる心の「つまずき」についてご紹介しました。高校進学でつまずいてしまった新入生のみなさんは、自身の「つまずき」の種類やその程度に気がつくことができたでしょうか？　大きくつまずかなかった新入生のみなさんのなかにも、振り返ってみると、いくつかの内容に思い当たる節があった人もいるかと思います。

長期欠席や不登校など、客観的に見えやすい「つまずき」と違って、目に見えない心の「つまずき」はなかなか周囲から気づかれにくく、また自分自身でもその「つまずき」の前兆に気がつきにくいものです。心の違和感をしばらく放っておいた結果、頭痛や倦怠《けんたい》感、動悸《どうき》など身体的な症状が出てきて、それでようやく「心に負荷がかかっていたんだな」と気がつくこともあるかもしれません。

また、周囲からの気づかれやすさという点では、これまでの研究ではあまり着目されていないのですが、飲酒や喫煙、薬物乱用、暴力行為などの行動面の変化も挙げられると思います。青年期は、脳の発達的な特徴から、こうしたリスクを好みやすい傾向があることが知られています。[16] このような背景から、新入生の特性と学校環境のミスマッチが生じれば、行動としても「つまずき」は現れるでしょう。

先ほど述べたように、「つまずき」の前兆に自分で気づくのはなかなか難しいことですので、一度、自分の状態を客観的にながめてみることで、問題に気づいたり、対応策

【高校進学後7日目】飯村君の心の状態

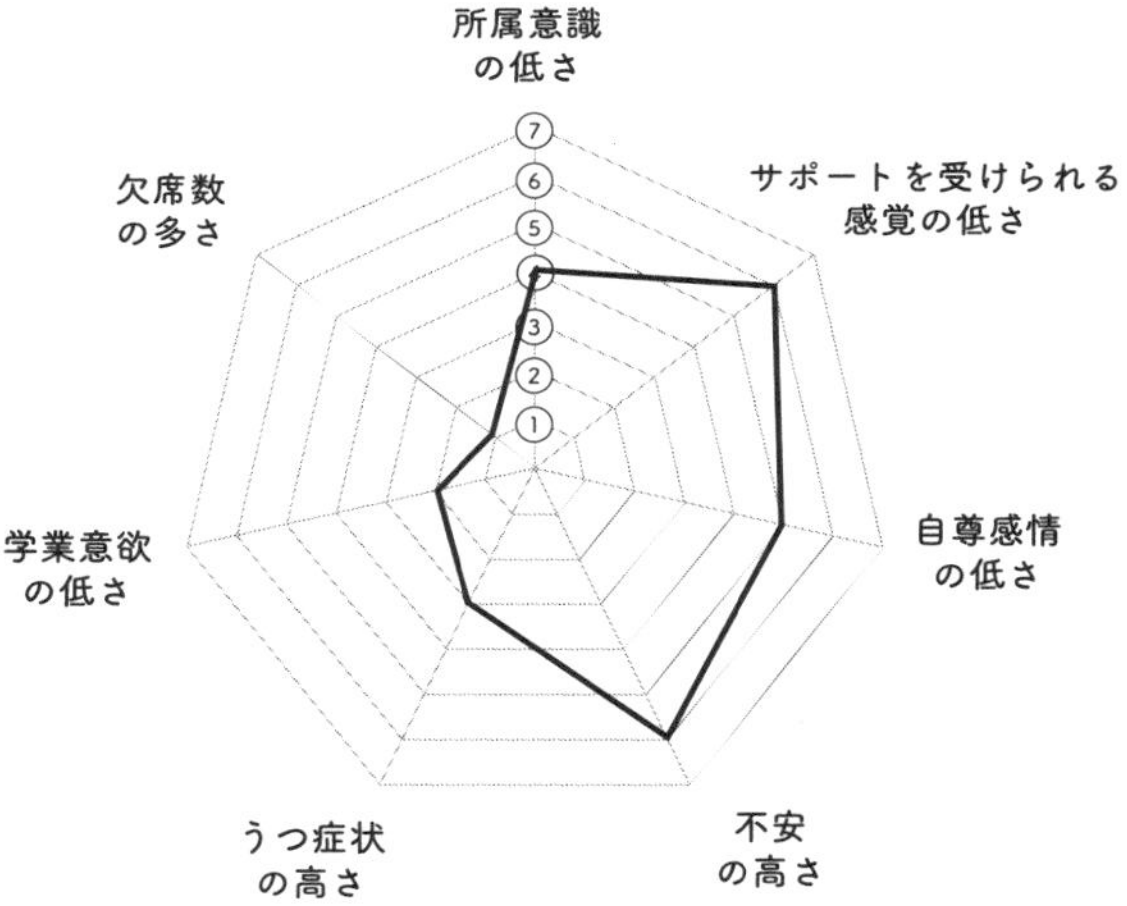

を考えたりすることができるかもしれません。

その取り組みとして、上図のようなレーダーチャートを作成しました。ここに描かれているのは、高校進学後7日目のかつての私の状態です。得点が高いほど、「つまずき」の程度が大きいことを表しています。

このように数値化して、自分を客観視してみるのもよいでしょう。また、高校進学後のいまの気持ちについて、「ポジティブな側面」「ネガティブな側面」「その他の側面」などの項目を立てて、ノートやルーズリーフに書き出してみるのもありです。気持ちを書き出すことを通じて、自分の状態に気がついたり、気持ちが楽になったりするかもしれません。

コラム⑤ 環境に対する感受性が高い人

ここまでのお話から、たとえ同じ高校に進学したとしても、一人ひとり違った心の状態を経験することが理解できたかと思います。そうした違いは、新入生のもつ特性（個人要因）と学校環境の「マッチング」から生じるともお伝えしました。

新入生一人ひとりを観察すると、高校進学による環境の変化から影響を受けやすい人もいれば、そうではない人もいます。別の表現をすれば、これは環境に対する感受性の違いを表しているとも言えます。感受性の個人差は、個人がもつ特性、つまり個人要因の一つです。

感受性の違いは、生まれもった遺伝子や幼少期の環境などによって形づくられ、「鈍感になろう」あるいは「敏感になろう」と日々意識する程度で変化したりするようなものではありません。また、感受性の「高い」「低い」に優劣はありません。

感受性は人によって「ある」「ない」といった単純なものではなく、誰もが感受性があるけれども、その程度は低い人から高い人までグラデーション状になっています。人間は生きるために誰もがある程度の感受性をもっていますが、もっとも多いのは、感受性の程度が平均的な人たちです。

感受性が高い、つまり「敏感だ」「繊細だ」というと、ストレスに弱かったりするイメージをもつ人がいるかもしれません。ただ、近年の心理学研究では、感受性に対する理解が変化してきています。

確かに、感受性が高い人は、ストレスなどが多く、自分と環境が合わない場合に、うつ症状や問題行動などが起きやすいことがわかっています。ただ、一見「ストレスに弱い繊細な人」と表現される人は、保護者や友達からサポートを多く受け取ったり、ストレスが少なかったりする良好な環境のもとでは、感受性が低い人よりも、精神的に良好な状態にあることも明らかになってきました。

つまり、感受性の高い人は、自分と合わない環境のもとでは、よりネガティブな影響を受けやすく、一方で自分と合う環境のもとでは、よりポジティブな影響を受け取りやすい人だということです。

このような感受性の高い人の特徴は、高校進学を通じた心の変化にも垣間見ることができます。私たちが実施した研究では、生徒たちに感受性を測定する項目に回答してもらい、感受性の違いによって、進学前後の精神的な健康度がどのように変化するかを調べました。*

その結果、感受性が高い新入生は、中学校の時と比べて学校環境が良くなったと評価しているほど、中学3年生の3月から高校1年生の5月にかけて、感受性の低い新入生と比べて精神的な健康度が高まっていたことがわかりました。ただし、感受性の高い新入生は、中学校と比べて学校環境が悪くなったと評価しているほど、感受性の低い新入生と比べて精神的な健康度が低下していました。

感受性が低い新入生も、高校進学の影響を全く受けないというわけではありませんが、感受性が高い新入生と比べると、良くも悪くも精神的な健康度が変化しにくい傾向が確認されています。

感受性の高さとは、見方を変えれば、ある環境に置かれたときに、ある心の特徴が変化しやすい人だとも言えそうです。

* Iimura, S., & Kibe, C. (2020). Highly sensitive adolescent benefits in positive school transitions: Evidence for vantage sensitivity in Japanese high-schoolers. Developmental Psychology, 56, 1565-1581.

第5章

高校進学でつまずいたあなたへ

高校時代につまずいた一人として

本書の最終章では、心理学者の一人として、また「高校時代につまずいた一人」として、高校進学後の「つまずき」に対する私の想いを書き、締めくくりたいと思います。「私が高校生だったときにこのような考え方と出会っていればよかった」と思うことを書き記しました。決して押しつけがましいメッセージを贈るつもりはないのですが、本章の内容がみなさんにとっての「知恵袋」や「処方箋」になるのであれば、これ以上の喜びはありません。

さて、まずは「高校時代につまずいた一人」として、私自身のことをお話ししたいと思います。かつての私、高校1年生の「飯村君」のお話です。私はいま32歳ですので、もう17年前のことです。

私は両親と妹、弟の5人家族でした。幼少期から、両親はともに自営業をしていて、小学生のころから、あまり家にいなかった記憶があります。中学生になると、両親は別居していて、家族としてあまり機能していないような状態でした。

中学生の私は、幼少期から「神経質」な性格だと親から言われていましたが、自分でも確かにそうだと思っていましたし、大人になったいまでも自分はそうだと思っています。一見「弱そう」な性格に見えるかもしれませんが、スポーツは得意で、勉強も人並み以上にはでき、家族の問題で揺れ動きながらも、中学時代は順風満帆な3年間でした。

当時の私はスポーツ青年で、野球に熱心でしたので、当然、高校でも甲子園を目指したいと思っていました。そこで、野球の強豪校であった県内の進学校に入学することにしたのです。

少し特殊なのですが、高校に進学するとともに、私は一人暮らしを始めることになりました。寮生活ではありません。細かい経緯は省略しますが、家庭環境のいろいろな問題で、進学する頃にはそれがよい選択だろうということになったのです。一応、父親が生活の面倒を見てくれるということになっていました。

いま思えばなんだか不思議な状況ですが、当時の私は気にすることなく、入学する前には自分が新しい高校で活躍する輝かしい姿を思い描いていました。「神経質」な性格ということもあり、高校進学後の大きな変化に肩の力が常に入っている状態でしたが、「つまずき」の前兆を自覚することもなく、高校生活がスタートしていきました。両親は忙しそうですし、私は一人暮らしですし、家に帰っても、高校進学後の生活について話す相手はいませんでした。

進学後にはっきり自覚できた変化は、部活に慣れることの大変さです。週に1日しか休みはありませんし、練習は肉体的にも精神的にもハードですし、「昔ながら」の体育会だったので理不尽な慣習もありました。へとへとになって自宅に帰りますが、やはり誰もおらず、洗濯も食事もすべて自分でやるしかありません。大人ならまだしも、進学したばかりの15歳の自分には大変なことでした。

自分の異変に気づき始めたのは、1年生の秋学期が始まってからだったと思います。進学にともなうさまざまな環境の変化で生じた「歪《ゆが》み」は、時間差で身体に表れてきました。おそらく、その前から心にも「つまずき」の前兆があったのだと思います。しだいに、身体がだるかったり、じんましんが出たり、胸のあたりが痛かったりするようになり、そのような状態が続くようになりました。

こうした状態で進学後の「つまずき」を決定づけたのは、両親の離婚です。家族がばらばらの状態は慣れていましたが、とはいえ、青年期の自分には「ショック」な出来事だったのだと思います。それからまもなく、両親が経営していた会社も破産しました。高校の学費も払えない状況になりました。

結果として、私は1年生の後半には、学校に通えないほど、心と身体が言うことを聞かなくなってしまったのです。それでも無理をして出席と欠席を繰り返しますが、2年生になった頃には限界がきて、数か月の間、学校に通えなくなりました。なんとか登校しても、行き先は保健室でした。しばらく欠席すると、授業にはまったくついていくことができません。

高校には友達はいましたし、心配もしてくれましたが、当時の私は細かい事情を話すことができませんでした。私や家族の状況を知られるのが恥ずかしかったり、知られて

「ひかれる」のが怖かったり、友達には理解しがたい出来事だろうと思ったりしたのです。いま思えば、友達に話を聞いてもらえばよかったと後悔しています。私は一人で抱え込んでいました。

進学直後に思い描いていた輝かしい自分の姿はなく、授業や部活も諦めなければいけない状況に、自分だけ時間が止まり、取り残されてしまった気持ちだったのを覚えています。とはいえ自分のいない学校は、何事もなくいつも通り進んでいきます。取り残された私にあったのは、悲しみとくやしさ、そして自分の無力さに対する絶望と怒りです。

私が経験した「つまずき」は、家庭環境を重要な背景としながら、私の「神経質」な性格や高校進学にともなう同時多発的な環境の変化によって、しだいに大きくなっていったのでした。結果として、私は自らの提案で、定時制高校に転校することを選択しました。より自由度の高い学校へと環境を変え、私はしだいに「つまずき」から立ち直っていきました。

「ふつう」から外れるのが怖い

高校進学後、他のクラスメイトはうまくやれているのに、自分は心や身体がうまく働かず、学校にいるのがつらかったり、クラスメイトとの仲に入れなかったり、学校に行けなかったり――。そうした「つまずき」を通じて、「自分は「ふつう」じゃない」とか「自分だけ取り残されてしまった」とか「自分は他の人と違う」のだと、「ふつう」や「平均」からのズレに悩むこともあるでしょう。

私たち人間は、身近な集団や社会の空気を吸って過ごすなかで「ふつう」や「平均」を感じ取り、そのうえで自分の人生の脚本（ライフスクリプト）や人生の物語（ライフストーリー）を思い描きがちです。[17]

・15歳で高校に入学し、3年間で卒業する
・19歳で大学や専門学校に進学する

・23歳くらいで企業に就職する
・28歳くらいで結婚する
・30歳くらいで子どもが生まれる
・50歳くらいで子どもが自立する
・55歳くらいで親が亡くなる
・60歳くらいに孫が生まれる
・65歳で退職する
・80歳くらいで自分の死を迎える

これらはあくまで一例ですが、私たちは暗黙裡《あんもくり》にこうした「自分の人生はこういうスケジュールで進むだろう」という期待をもっているものです。そして、描かれる人生の脚本は、社会や家族などの暗黙裡の期待によっても影響を受けます。そうして描かれた人生の脚本は、人々が暗黙裡に考える「ふつう」の、あるいは「平均的な」な人生でもあります。

うまくいっているときは気にならないものですが、うまくいかなくなると、この「ふつう」がみなさんの心に重くのしかかるときがあるかもしれません。高校進学後の「つまずき」も、ある意味では人々の意識のなかで共有される「ふつう」や「平均」から遠ざけるものです。

ただ、人間の長い一生のなかでは、誰もが必ずこうした「ふつう」から遠ざかるタイミングがあるように思います。それがつまずいた新入生のみなさんにとっては、「たまたま」高校進学だったのかもしれません。私は高校進学以外にも何度か「ふつう」から離れたことで「ふつう」の人生を良い意味で諦めました。それはそれで大変な選択ではありますが、うまくいかなくなったときに「ふつう」に押しつぶされることはありません。

高校進学で「ふつう」から外れてしまったら、それで人生は終わりでしょうか。もちろん、そう思う人の気持ちは痛いほど分かる気がします。それほど「ふつう」の影響力は大きいものです。ただ、私は誰もが思い描く順風満帆の「ふつう」の人生は、絵に描いた餅、あるいは幻想なのだと思っています。私は、研究活動などを通じてさまざまな人の人生の一部に触れるとき、実は「ふつう」でないことのほうが、多数派なのではないかとさえ思うことがあります。

高校進学での「つまずき」は、こうした「ふつう」を問い直すチャンスも与えられているように思うのです。

高校進学は「ない」ほうがよい?

高校進学による環境の変化でつまずく新入生がいるのであれば、「高校進学はないほうがよい」と考える人もいるかもしれません。実際、「高1クライシス」の負の側面を問題視して、近年の日本では、中高一貫校の設置を推進する動向があります。

私は、全国から高校進学をなくしたほうがよいとは考えていません。もちろん、中高一貫校も含め、生徒や保護者がさまざまな進学経路を選べるようになるのはよいことだと思います。6年間を同じ校舎やメンバーで過ごす方が、自身の特性やニーズと合っている生徒もいるでしょう。ただ、途中でうまくいかなくなってしまった場合にはどうでしょうか。どの進路を選んでも、やはり良し悪《あ》し両方を見る必要があります。

当然のことながら、高校進学それ自体は「悪者」ではありません。新入生の特性やニーズとの「マッチング」次第では、高校進学が人生にとってよりよい「ターニングポイント」になる場合もありますし、その逆の場合もあります。そして、データを見る限り、3－3制の進学経路は、心の発達という観点からみると、教育制度の改革を迫るほどの悪影響はもっていないようです。実際、多くの新入生たちは、期待や不安で揺らぎながらも、それなりに新しい学校に順応していきます。

このような背景から、高校進学をなくすという選択だけでなく、（とくにリスクを抱えやすいと思われる）新入生が新しい学校に「マッチング」しやすい、さまざまな仕組み作りが大切なのではないかと思います。もちろん、中高接続や中高連携といった名のもと、全国の中学校や高校では、「高1クライシス」の負の側面が大きくならないような取り組みが現在もなされています。

とはいえ、さらに理想を言えば、もっと気軽に、途中から違う学校環境に移れる仕組みも整うとよいかもしれません。高校にせよ、大学にせよ、就職にせよ、その集団に入ってみないと分からないことはたくさんあります。それは、ある意味で「運ゲー」です。本人に問題がなくても、「たまたま」その環境とマッチしないこともあるでしょう。

1〜2年くらい先を見据えたとき、心身への悪影響が長く続くと予想されるのであれば、思い切って環境を変えてしまうのも一つの手です。転校はその一つの選択肢ではあります。学校環境がまた変わるわけですから、心の「つまずき」が大きい状態にある人は、ある程度の回復を待ってからがよいと思います。人間関係がすでに固定された全日制の高校に転校するのが不安であれば、もう少し人間関係が流動的で、授業カリキュラムの自由度が高い定時制や通信制の高校を選択するのもよいでしょう。卒業にこだわらないのであれば、高卒認定試験を受験して、高校卒業者と同じ程度の学力があると認めてもらうこともできます。

あるいは、オンラインの通信制高校を選ぶ人も増えつつあります。例えば、学校法人角川ドワンゴ学園が創立した通称N高・S高です。各地にあるキャンパスに対面で通学するコースもありますが、田舎でも都市部でも、ネット環境さえあればオンラインだけで学ぶコースもあります。

集団生活や対人関係で大きな「つまずき」を経験した新入生にとっては、そうした環境から一時的にでも離れることができるかもしれません。もちろん、ネットで学ぶのは、自由度が高いぶん、自分を律して計画的に進めるのが大変なポイントであると思います。

角川ドワンゴ学園のホームページによれば、2023年9月30日時点で、2万6000名を超える生徒が在籍しているようです。私が現在勤務する大学でも、N高・S高の出身者は珍しくありません。とはいえ、大学から対面で通学することになった場合、彼らがそのギャップに不利益を被らないか、一人の大学教員として心配ではあるのですが。

コラム⑥ 「つまずき」から学び始めた心理学

心理学者の私は、高校生のときにはじめて心に関心をもちました。いや正確には、もたざるを得なかったと言えるかもしれません。はっきりと覚えていますが、高校時代の「つまずき」がきっかけでした。不安定な家庭環境を大きな背景として、私が高校に通えなくなったことは、すでに第5章の冒頭でお話しした通りです。学校に通いたくても通えなかった当時、「自分の心なのになぜ自分の思い通りにならないのだろう」と不思議に思いました。

また、転校先の定時制高校での経験も、心理学を学ぼうと私に決心させた「ターニングポイント」でした。そこで実に複雑な背景をもちながら高校に通う同年代たちに出会ったからです。彼らをみて、私の「つまずき」なんて、彼らに比べればたいしたことないかもしれない、とさえ思いました。

・中学時代にいじめ被害に遭い、学校に通えなかった生徒

・家庭環境が崩壊していて、リストカットや非行などの方法で「助けて」を表現する生徒
・中学時代に妊娠し、高校で子どもを育てながら通う生徒

――ここでは書ききれないほど、その他にも多様な背景をもつ生徒たちが、そこにはいました。そうした生徒たちと学校で過ごしたり、友達になったりすることで、私はそれまでにいろいろな価値観に「とらわれて」いたことに気づきます。

・学校には毎日ちゃんと行かなければいけない
・学校は制服を着て行くものだ
・学校では常にだれかと一緒にいなくてはいけない

もちろん、学校に行くことなどは大切なことではあります。ただ、転校するまで「当たり前」だと思っていたことが、違う学校のもとでは「当たり前」でないという事実に、高校生

ながら目から鱗《うろこ》が落ちる思いだったのです。

こうした経験から、心の働きについて知りたいと思い、３年生のときに私は心理士の資格と教員免許の両方を取得できる大学に進学しようと決心します。両親は離婚だけでなく、破産もしていましたから、進学に必要な学費を集めることは困難な状況でした。私はそれでも将来を諦めたくなかったので、バイトをしながら進学資金を貯めることにしました。しっかり勉強ができる状況にありませんでしたが、日本学生支援機構の奨学金を最大限に借りて、東京の大学に進学しています。

少し恥ずかしい自分語りでしたが、「つまずいた」あとにも、このようなルートがあるのだと知っていただくために、一つの例としてご紹介しました。

合わない環境と距離を置く

「艱難《かんなん》、汝《なんじ》を玉にす」という言葉があります。これはつらい経験があなたを成長させるという考えです。このような考えに励まされる人もいるかもしれませんが、心の発達の観点からみると、つらい経験や「つまずき」の状態は、長く続かないに越したことはありません。深刻になるほど、回復に時間がかかったり、その後の人生にも影響が残ったりするため、精神疾患と診断されるような深刻な状態になる前に何らかの対策をすることが大切です。

つまずいた人のなかには、「自分」（いわゆる性格などの個人要因）が原因でそうなったと考える人もいるでしょう。そして、「自分」を変える方向で頑張ろうとするかもしれません。ただ、残念なことに、「自分」というのは1週間経てば別人のように変わるものではありませんし、つまずいている状態では「自分」を変えようとすること自体が「しんどい」作業です。そうした点で、短期的な視点でみると「自分」を変える方向はあまり得策ではないかもしれません。

どちらかといえば、比較的変えやすいのは、みなさんを取り巻く環境の方です。自分をつまずかせている特定の環境から離れたり、自分に合うように環境そのものに働きかけたりします。第3章では、高校進学後に起こりやすい環境の変化についてご紹介しました。そのなかから、自分の「つまずき」と関連するものがあるか、改めて考えてみましょう。

例えば、進学後に、友達ができず孤立して悩んでいるようであれば、いっそのこと、学校の外につながりを作るという方法もありえます。共通の趣味やいわゆる「推し」を通じて、SNS上で「ゆるく」つながることはできるでしょう。

対照的に、進学後につながり「すぎて」悩んでいる人もいるかもしれません。私はこの現代が「つながりすぎる時代」だと思っています。私のような人間には少し気疲れしてしまう時代です。入学後にクラスメイト間でグループLINEを作成したり、お互いのSNSをフォローしあったりする様子は、現在では自然にみられます。スマートフォンを身につけていれば、学校の外でもLINEが届くでしょうし、SNSをみればクラスメイトの近況がいつでも確認できるでしょう。1日のなかに、物理的にもオンラインでも他者と「つながらない」時間はどのくらいあるでしょうか。私たちには、「つながらない権利」もあることを覚えておく必要があると思います。

進学後のさまざまな変化によって、「つまずき」とまではいかないけれども、入学後1か月もすると少し息切れする新入生もいるかもしれません。新しい環境に飛び込んで、毎朝早くに起きて、週に5日も学校に行くのはとてもえらいことです。正直、大人の私でさえ、新入生と同じことができるか、自信がありません。

もし私が新入生で、息切れしてつまずきそうになっていると感じたら、私は「戦略的な欠席」を採用します。「それはずる休みではありませんか？」という声が聞こえてきますが、もっと前向きに考えましょう。授業の理解に問題が出ない程度であれば、息切れする学校環境から少しだけ離れて休養するのは、有効なつまずき予防策になると思います。

助けを借りながら自分をケアする

進学後の心の「つまずき」に自分ではっきりと気がつくのは、簡単なことではないと思います。なんとなく異変に気がついても、心の状態をうまく言語化するのは、大人でも難しいことです。第4章で述べた通り、身体的に症状が出たり、長期欠席など行動面の変化が起こったりするなど、客観的にみえるサインが出てきてようやく自分の「つまずき」に気づく人も少なくないでしょう。

つまずいてしまったら、自力で立ち直ることは可能なのでしょうか。軽度の「つまずき」であれば、私たちは誰もがレジリエンス（心の回復力）がありますから、自分なりに対処したり、時間が経ったりすることで、立ち直ることは十分に可能だとは思います。ただ、心身の不調で学校に行けなくなるほど「つまずき」の程度が大きい場合には、レジリエンスが弱まっていますので、信頼できる周囲の大人に助けを借りることが大切になるでしょう。

身近なところでは、保護者や先生に話を聞いてもらうのもありですが、「つまずき」の程度が大きい場合には、保護者や先生に加えて、心の専門家に相談してみるのがよいと思います。おそらく、スクールカウンセラーが週に1日程度、学校を訪問して、生徒や保護者、さらには教員を対象に面談をしているはずです。

一般的に、スクールカウンセラーは、臨床心理士や公認心理師などの資格をもっている心の専門家で、進学後の「つまずき」にも相談に乗ってくれます。心の専門家との面談を通じて、「つまずき」の状況を言語化することを助けてくれたり、立ち直るためのヒントを与えてもらえたりすることが期待できます。薬による助けが必要ということであれば、病院を紹介してもらえるかもしれません。

心の専門家に助けてもらうことは、決して後ろめたいことではありませんので、保健室に行くくらいの気持ちで足を運んでみるとよいでしょう。

専門家などの周囲の助けを借りながら、自分で自分をケアすることも「つまずき」から立ち直るには大切です。例えば、その一つに、自分のストレスに気づき、自分をケアするストレス対処を実践することが挙げられます。読者のみなさんは、ふだんストレスを感じた時、どのように対処していますか？　ぜひこれを機に、自分がリラックスできる方法を考えてみてください。いくつか例を挙げてみます。

・好きな音楽を聴く
・好きな動画をみる
・ゲームをする
・近所の公園を散歩する
・おいしいものを食べる
・友達に話を聞いてもらう
・ゆっくりお風呂に入る
・ストレッチをしたり、運動をしたりする
・たくさん眠る

人によって「ほっ」とする方法はさまざまだと思います。自分なりの方法を見つけ、ストレス対処のレパートリーリストをつくってみると役に立つかもしれません。あまり思いつかなかった人は、セルフケアの参考書[18]などを読んでみて、そこで良いと思う方法を取り入れてみてもよいでしょう。意識的に、自分なりのストレス対処レパートリーを総動員することで、レジリエンスは高まり、「つまずき」からの立ち直りも早くなるでしょう。もちろん、自分をつまずかせている環境と距離を取ったりすることがセットです。

「偶然」や「たまたま」の結果

元も子もない話かもしれませんが、高校進学での心の「つまずき」は、自分の意思ではどうにもならない「偶然」や「たまたま」による結果である、とも考えることができます。あくまで一つの可能性です。ただ、そんなことを言うと、心理学者としての役割を放棄していると思われるかもしれません。もちろん、そういうつもりはなく、心理学を研究しているからこそ出てきた考えです。

私たちの心や人生に大きな影響を及ぼす要因には、コントロールできない偶発的なものも多くあると思うのです。例えば、自分が生まれ育つ時代、地域、家族、その経済水準、両親の離婚、大切な人の死、自然災害、事故、事件、重大な疾患――など、自分でコントロールするには難しい要因があります。

話を戻すと、高校進学は予期できる出来事です。しかし、入学してからのクラスメイトの構成や担任教員など、予期もコントロールも難しい要因が多くあります。入学後、1年5組に割り当てられて、クラスメイトやクラスの風土が全体的に特有の傾向を「たまたま」もっていた結果、自分と合わないなんてことも起きるでしょう。そして、もし別のクラスに割り当てられたとしたら、つまずかずに「うまくいく」のです。

こうした「たまたま」による結果でつまずいた場合には、つまずいた自分を責めることができるでしょうか？　私は自分を責めなくてよいと思います。もちろん、「たまたま」の結果でなくても、つまずいた自分を過度に責める必要はありません。高校進学でつまずいた新入生に必要なのは、おそらく、自分を責めることよりも、自分の心が守られる環境に身を置き、自分を労《ねぎら》い思いやることです。

＊　＊　＊

第5章では、かつての私の「つまずき」経験をご紹介したうえで、「高校時代につまずいた自分が知っていたら、もう少し気持ちがラクになれていたかもしれない」と思う考え方や情報を書き記しました。高校進学による「つまずき」を「偶然」という要因からも解釈しましたが、それと関連して、最後に「セレンディピティ」という言葉をご紹介したいと思います。

セレンディピティとは、「予想外の幸運の発見」を意味する言葉です。イギリスの政治家であり小説家でもあるホレス・ウォルポール（1717〜97）による造語で、彼が親しんでいた『セレンディップの三人の王子』をもとに、友人へ送った書簡の中で用いられたのが初出だそうです。現在では、何かを探究している時に、「偶然」にそれとは違う幸運に巡り合うといった文脈で用いられています。

例えば、イギリスの学者アレクサンダー・フレミング（1881〜1955）が、ブドウ球菌を培養していた際、「たまたま」青カビが混入し、その周辺に細菌が繁殖していないことに気づいたことから、抗生物質ペニシリンが発見された逸話などがあります。期待や不安とともに高校に入学し、進学後に「うまくいく」ことも、全てではないにせよ、私は「たまたま」という要因が無視できないと思っています。

それと同じように、たとえ高校進学でつまずいてしまったとしても、その心理的なもがきのなかで、幸運に転じる何かと出会うことがあります。心の「つまずき」から少し回復してきたら、セレンディピティを探しに行きませんか？

コラム⑦ 心に興味をもったあなたへ

高校進学でつまずいた人のなかには、心に興味をもった人もいるかもしれません。そうであれば、これをきっかけに心理学を学んでみるのもありです。というのも、心理学は苦しい気持ちを理解したり、つらい経験に対処したりするのに役立つヒントを与えてくれるからです。もちろん、それだけはなく、心理学は人の心や行動にかかわる、あらゆる現象を扱います。

心理学と聞くと、他者の頭のなかをエスパーのように見透かしたりするイメージがあるかもしれません。もちろん、そのようなイメージから心理学の勉強をスタートさせるのも悪くはありません。ただ、学び始めると気がつきますが、世の中のイメージと反して、心理学はもっと「堅実」な学問であることが分かります。ここではその触りだけお伝えしましょう。

心理学は「心を科学」する学問です。英語では「サイコロジー（Psychology）」ですが、その語源をたどると、「サイコ」が心や精神、「ロジー」が科学や学問を指します。学問としての心理学は、おもに実験や調査などを通じて人々から心や行動に関するデータを収集し、それを統計的に解析することによって知見が得られています。みなさんの心理学のイメージと違いましたか？

多くの大学で心理学の授業が開講されていますので、そこで心理学を学ぶことができます。

とはいえ、高校生のうちに、心理学を学びたい場合、どうしたらよいでしょうか?

無料で学びたいということでしたら、日本心理学会のサイトをおすすめします。私もこの学会のメンバーですが、心理学者たちが一般市民や高校生向けに、心理学にまつわるさまざまな情報を提供してくれています。

そのなかでも「高校生のための心理学講座 YouTube版」や「心理学ミュージアム」もおすすめです。ぜひこうしたサイトから勉強を始めてみてはいかがでしょうか?

日本心理学会「心理学に興味のある方へ」

https://psych.or.jp/public/

日本心理学会「高校生のための心理学講座 YouTube版」

https://psych.or.jp/interest/lecture_hs/

日本心理学会「心理学ミュージアム」

https://psychmuseum.jp/

おわりに

本書では、心理学の視点から、高校進学後に起こる（かもしれない）心の「つまずき」についてご紹介しました。進学後の心の状態を理解するためには、新入生がもつ個人要因と学校環境の「マッチング」の観点が役に立つでしょう。さらには、生まれた時代や文化、地域、家庭やその経済水準など、「偶然」を含む自分がコントロールできない無数の要因が、進学後の心の状態に影響するとも言えます。このように考えてみると、進学後の「つまずき」には、本人以外の要因もたくさん関わっているわけですから、つまずいたとしても、自分ばかりを責める必要はないと思います。

本書を執筆するために、私はだいぶ真剣に自分の高校時代を思い出してみました。当時の気持ちがよみがえり、少しセンチメンタルになりますね。当時は、学校に行くことも、思い描いていた高校生活もできない自分の無力さに直面し、本当にくやしい思いをしていました。

ただ、こうした経験がなければ、心に興味をもつことはなかったでしょうし、いまこうして心理学者として本書を執筆することもなかったでしょう。もちろん、こうした考えは私の「生存者バイアス」が含まれます。人生を悪い方向に大きく変えてしまうような「つまずき」は、失うものも多く、できれば経験しないほうがよいと思います。とはいえ、そうした経験は、足音を立てずに突然やってきますから、人生とは予測が難しいものです。

さて、本書を執筆するにあたり、さまざまな人からご支援を賜りました。私の研究にご協力いただいた生徒や保護者、教員のみなさんのおかげで、「高1クライシス」を理解する新たな手掛かりが得られ、本書のもととなった博士論文を完成することができました。心より御礼申し上げます。また、筑摩書房の方便凌さんには、本書の企画や編集をご担当いただき、大変お世話になりました。内容面や締め切りでご心配をおかけしました。深く御礼申し上げます。そして、執筆活動を支えてくれた田宮さんには頭が上がりません。本当にありがとうございました。

2024年2月

飯村周平

参考文献

[1] Akos, P., & Galassi, J. P. (2004). Middle and high school transitions as viewed by students, parents, and teachers. professional school counseling, 7, 212-221.

[2] 金杉武司（２００７）『心の哲学入門』勁草書房

[3] Baltes, P. B. (1987). Theoretical propositions of life-span developmental psychology: On the dynamics between growth and decline. Developmental Psychology, 23, 611-626.

[4] 飯村周平（２０２２）「第９章 高校移行：発達の多様性をみつめる」都筑学（監修）・加藤弘通・岡田有司・金子泰之（編著）『問いからはじまる心理学 第２巻 教育問題の心理学——何のための研究か？』福村出版

[5] Benner, A. D. (2011). The transition to high school: Current knowledge, future directions. Educational Psychology Review, 23, 299-328.

[6] 小塩真司・阿部晋吾・カトローニピノ（２０１２）「日本語版 Ten Item Personality Inventory（TIPI-J）作成の試み」『パーソナリティ研究』21巻、40～52頁

[7] Benner, A. D., & Graham, S. (2009). The transition to high school as a developmental process among multiethnic urban youth. Child Development, 80, 356-376.

[8] Eccles, J. S., Midgley, C., Wigfield, A., Buchanan, C. M., Reuman, D., Flanagan, C., & MacIver,

D. (1993). Development during adolescence: The impact of stage-environment fit on young adolescents' experiences in schools and in families. American Psychologist, 48, 90-101.
[9] Iimura, S., & Kibe, C. (2020). Highly sensitive adolescent benefits in positive school transitions: Evidence for vantage sensitivity in Japanese high-schoolers. Developmental Psychology, 56, 1565-1581.
[10] 佐久田祐子・奥田亮・川上正浩・坂田浩之（２０２２）「日本語版ＰＳＳＭ（The Psychological Sense of School Membership）尺度の作成（１）」『日本心理学会大会発表論文集』第86回、セッションID: 2EV-062-PP.
[11] Shinkawa, H., Takahashi, M., Adachi, M., Murayama, Y., Yasuda, S., Malecki, C. K., & Nakamura, K. (2023). Psychometric validation of the Japanese version of the Child and Adolescent Social Support Scale (CASSS) in early adolescents. Japanese Psychological Research, 65, 145-157.
[12] Benner, A. D., Boyle, A. E., & Bakhtiari, F. (2017). Understanding students' transition to high school: Demographic variation and the role of supportive relationships. Journal of Youth and Adolescence, 46, 2129-2142.
[13] 山本真理子・松井豊・山成由紀子（１９８２）「認知された自己の諸側面の構造」『教育心理学研究』30巻、64〜68頁
[14] Erol, R. Y., & Orth, U. (2011). Self-esteem development from age 14 to 30 years: A

longitudinal study. Journal of Personality and Social Psychology, 101, 607-619.
[15] American Psychiatric Association. (2022). Diagnostic and statistical manual of mental disorders (5th ed., text rev.).
[16] 長谷川寿一（監修）・笠井清登・藤井直敬・福田正人・長谷川眞理子（編）（２０１５）『思春期学』東京大学出版会
[17] Bohn, A., & Berntsen, D. (2008). Life story development in childhood: The development of life story abilities and the acquisition of cultural life scripts from late middle childhood to adolescence. Developmental Psychology, 44, 1135-1147.
[18] 伊藤絵美（２０２０）『セルフケアの道具箱――ストレスと上手につきあう１００のワーク』晶文社

ちくまプリマー新書

ちくまプリマー新書

280
高校図書館デイズ
——生徒と司書の本をめぐる語らい
成田康子
北海道・札幌南高校の図書館。そこを訪れる生徒たちが、本を介し司書の先生に問わず語りする。生徒の人数分だけある、それぞれの青春と本とのかけがえのない話。

305
学ぶということ
——続・中学生からの大学講義1
桐光学園＋ちくまプリマー新書編集部編
受験突破だけが目標じゃない。学び、考え続ければ重い扉が開くこともある。変化の激しい時代を生きる若い人たちへ、先達が伝える、これからの学びかた・考えかた。

306
歴史の読みかた
——続・中学生からの大学講義2
桐光学園＋ちくまプリマー新書編集部編
人類の長い歩みには、「これから」を学ぶヒントがいっぱいつまっている。その読み解きかたを先達に学び、君たち自身の手で未来をつくっていこう！

307
創造するということ
——続・中学生からの大学講義3
桐光学園＋ちくまプリマー新書編集部編
技術やネットワークが進化した今、一人でも様々なことができるようになってきた。新しい価値観を創る力を身につけて、自由な発想で一歩を踏み出そう。

359
社会を知るためには
筒井淳也
なぜ先行きが見えないのか？　複雑に絡み合う社会を理解するのは難しいため、様々なリスクをうけいれざるを得ない。その社会の特徴に向き合うための最初の一冊。

ちくまプリマー新書

363
他者を感じる社会学
——差別から考える
好井裕明
他者を理解しつながろうとする中で、生じる摩擦熱のようなものが「差別」の正体だ。「いけない」と断じて終えるのでなく、その内実をつぶさに見つめてみよう。

369
高校生からの韓国語入門
稲川右樹
ハングル、発音、文法、単語、豆知識……Twitter でも人気の「ゆうき」先生がイラストをまじえてわかりやすく解説。始めるなら、まずはこの1冊から！

372
問う方法・考える方法
——「探究型の学習」のために
河野哲也
私たちは人生の中で出会う様々な課題を、見つけ、調べて、解決することが求められる時代に生きている。新学習指導要領の重要キーワード「探究」のためのテキスト。

373
勉強する気はなぜ起こらないのか
外山美樹
気持ちがあがらない、誘惑に負けちゃう。お困りなあなたにやる気をコントロールするコツを教えます。目標設定、友人関係、ネガティブ戦略など、どれも効果的！

374
「自分らしさ」と日本語
中村桃子
なぜ小中学生女子は「わたし」ではなく「うち」と言うのか？　社会言語学の知見から、ことばと社会とわたしたちの一筋縄ではいかない関係をひもとく。

ちくまプリマー新書

380
自分をたいせつにする本
服部みれい
からだを温める。深く呼吸する。自分と打ち合わせをする。自分の年表を作る。体や心をたいせつにするワークで、自分の気持ちに気づいてなりたい自分になる。

381
心とからだの倫理学
――エンハンスメントから考える
佐藤岳詩
整形で顔を変えてしまってよいのか。能力や性格を薬によって変えることの是非は？　変化によってあなたと社会はどうなるの？　倫理学の観点から論点を提示する。

386
「日本」ってどんな国？
――国際比較データで社会が見えてくる
本田由紀
家族、ジェンダー、学校、友人、経済・仕事、政治・社会運動について世界各国のデータと比較し、日本がどんな国か考えてみよう。今までの「普通」が変わるかも⁉

387
はじめての精神医学
村井俊哉
うつ病、統合失調症、認知症、パーソナリティ障害――さまざまな精神疾患の症状や治療法を広く見渡し、さらには「そもそも精神医学とは何か」までを考える。

390
バッチリ身につく 英語の学び方
倉林秀男
ベストセラー『ヘミングウェイで学ぶ英文法』著者が贈る、語彙・文法・音読・リスニング……ことばの「基礎体力」の鍛え方。英語学習を始める前にまずはこの本！

ちくまプリマー新書

392
「人それぞれ」がさみしい
――「やさしく・冷たい」人間関係を考える
石田光規
他人と深い関係を築けなくなったのはなぜか――相手との距離をとろうとする人間関係のありかたや、「人それぞれ」の社会に隠れた息苦しさを見直す一冊。

395
人生はゲームなのだろうか？
――〈答えのなさそうな問題〉に答える哲学
平尾昌宏
読書猿さん推薦！　ルールも目的もはっきりしないこの「人生」を生き抜くために、思考の「根拠」や「理由」をひとつひとつ自分で摑みとる練習を始めよう。

401
学校はなぜ退屈でなぜ大切なのか
広田照幸
「道徳は教えられるか」「学校の勉強は仕事に役立つか」「教育は格差を解消できるか」「ＡＩ社会で教育は変わるか」――広い視点と多様な角度からとらえなおす。

402
ヤングケアラーってなんだろう
澁谷智子
中学校の１クラスに２人はいる――家族の世話や家事を行う子どもたちを指す「ヤングケアラー」。彼らがおかれた状況や支援の取り組みを知るための一冊。

403
私たちはどう学んでいるのか
――創発から見る認知の変化
鈴木宏昭
知識は身につくものではない⁉　実は能力を測ることは困難だ⁉　「学び」の本当の過程を明らかにして、教育現場によってつくられた学習のイメージを一新する。

ちくまプリマー新書

ちくまプリマー新書

423
増えるものたちの進化生物学
市橋伯一
生命と非生命をわけるもの、それは「増える」ことである。増える能力は生命を悩める存在へと変えてしまった――生命の起源と未来を見つめる知的問答の書。

425
ナマケモノは、なぜ怠けるのか？
――生き物の個性と進化のふしぎ
稲垣栄洋
イモムシやタヌキに雑草……。いつも脇役のつまらない生き物たち。しかしその裏に冴え渡る生存戦略があった！　ふしぎでかけがえのない、個性と進化の話。

426
嫌な気持ちになったら、どうする？
――ネガティブとの向き合い方
中村英代
ちょっとした不安から激しい怒りまで、気持ちがゆれることは誰にもある。でも、それに振り回されるのではなく、性質や特徴を知ってこの気持ちに対処しよう。

427
客観性の落とし穴
村上靖彦
「その意見って、客観的なものですか」。数値化が当たり前になった今、こうした考え方が世にはびこっている。その原因を探り、失われたものを明らかにする。

428
「死にたい」と言われたら
――自殺の心理学
末木新
日本人の約２％が自殺で死亡している。なぜ自殺は起こるのか、自殺は悪いことなのか、死にたい気持ちにどう対応するのか――心理学の知見から考える。

ちくまプリマー新書

chikuma primer shinsho

ちくまプリマー新書452
高校進学《こうこうしんがく》でつまずいたら「高《こう》1クライシス」をのりこえる

二〇二四年三月十日　初版第一刷発行

著者　飯村周平（いいむら・しゅうへい）

装幀　クラフト・エヴィング商會

発行者　喜入冬子

発行所　株式会社筑摩書房
東京都台東区蔵前二‐五‐三　〒一一一‐八七五五
電話番号　〇三‐五六八七‐二六〇一（代表）

印刷・製本　中央精版印刷株式会社

ISBN978-4-480-68478-3 C0211 Printed in Japan